KB074254

오늘과 마주한 3·1운동

오늘과 마주한 3·1운동

김정인 지음

민주주의의 눈으로 새롭게 읽다

책과함께

3·1운동의 민주주의적 해석:
'오늘의 나'의 눈으로 본 3·1운동

2019년, 3·1운동 100주년을 맞아 독립운동과 독립운동가에 대한 관심이 전에 없이 뜨겁다. 그 추앙의 열기를 가만히 들여다보면 고귀한 희생이라는 가치와 조우하게 된다. 독립운동과 독립운동가의 고귀한 희생 위에 오늘의 우리가 있음을 감사한다는 얘기다. 독립운동과 독립운동가의 역사 속에 오늘을 사는 나의 모습이 있을 수도 있다는 생각은 거의 하지 않는다. 그것은 나와 관계없는 먼 과거의 일인 것이다.

역사의 개인화라는 말이 있다. 이는 역사를 가족, 사회, 국가, 민족, 인류라는 집단이 아닌, 나라는 개인 주체의 눈으로 재해석하는 것을 의미한다. 여기에 덧붙이자면 역사의 개인화는 곧 역사의 현재화를 뜻하기도 한다. 자신이 속한 집단이 해석하고 재현한 역사를 관습적으로 자신의 역사로 동일시하게 되면, 과거는 그저 나라는 우주 바깥에 존재하는 나와 상관없는 객체로 전락하기 쉽다. 하지만 집단이 아닌 개인 주체의 시각에서 오늘의 나의 모습을 과거에서 찾고자 한다면, 나를 통해 과거와 현재는 이어지게 된다. 민주주의적 시각에서 3·1운동의 역사를 재구성한다는 것은 곧 역사의 개인화, 역사의 현재화의 구현을 의미한다. 즉 3·1운동을 일군 사람들과 공감하고 소통하며 3·1운동이라는 역사에 더 가까이 다가가게 된다는 것을 뜻한다.

3·1운동은 늘 거족적인 운동으로 기억되어왔다. 오늘의 대한민국을 있게 한 민족사적 성과, 즉 과거사로서 평가받았다. 100년 전에 일어난 위대한 역사인 것이다. 하지만 3·1운동의 역사를 찬찬히 들여다보면 그 속에서 수많은 오늘의 나를 만나게 된다. 민족주의적 시각에 익숙했기에 개인적으로도 그것은 놀라운 경험이었다.

지금으로부터 10년 전, 그러니까 3·1운동 90주년이 되던 해인 2009년, 3·1운동에 관해 한 권의 책(공저)과 한 편의 논문을 썼다. 《국내 3·1운동—중부·북부》에서는 황해도, 평안남북도, 함경남북도의 3·1운동을 개괄적으로 정리했다. 〈기

억의 탄생: 민중 시위 문화의 근대적 기원〉에서는 만세시위 문화에서 오늘날 시위 문화의 기원을 찾았다. 첫 번째 책 작업을 하면서 접하게 된 3·1운동의 현재성을 두 번째 논문에 녹여 쓴 셈이었다. 10년이 지난 지금, 그때의 문제의식을 상기한다는 차원에서 논문의 끝머리를 옮겨보면 다음과 같다.

> 3·1운동 100주년을 기약하며, 앞으로 민중의 삶과 문화의 역동성을 형성화하는 3·1운동 연구가 본격화되기를 기대해본다. 90주년의 시점에서 새삼 기억과 기념의 문제를 제기한 것은 박제화되어 관성적으로 재생되고 있는 3·1운동에 대한 기억과 기념을 해체하고 민중적 시선에서 3·1운동의 기억을 그야말로 생생하게 재구성할 것을 촉구하기 위함이다.[1]

분명, 이때까지는 역사의 주체를 민중이라는 집단으로 이해하고 있었다. 지금처럼 나라는 개인 주체의 관점에서 역사를 보게 된 데는 민주주의 사관 형성이라는 변화가 자리하고 있다. 그 변화는 만세시위 문화를 분석하면서 1987년 서울 명동 한복판에서 6월 항쟁을 경험한 나를 떠올리는 것에서 시작되었다. 여기에 만세시위가 전국적으로 한창이던 1919년 4월 11일에 발표된 〈대한민국임시헌장〉 제1조인 "대한민국은 민주공화제로 한다"라는 문구와 민주주의 논리로 쓰인 독립선언서들을 곱씹고, 독립운동가 김산이 《아리랑》에서 일제시기 한국인들이 오로지 독립과 민주주의 두 가지를 열망했다고 회고하는 대목을 읽으며 민주주의 시각에서 한국 근대사를 재해석하는 눈을 키워갈 수 있었다.

민주주의 관점에서 3·1운동은 근대와 현대를 가를 만큼 획기적인 분기였다. 1801년 공노비해방으로 시작되는 민주주의 역사의 도도한 흐름은 독립협회와 만민공동회 시대라는 도약기를 거쳐 1919년 민주공화정의 탄생을 낳았다. 3·1운동 이후 독립운동을 포함한 한국인 사회는 민주주의를 실현하며 독립의 꿈을 키워왔고, 그것은 해방 직후 새로운 독립국가 건설을 꿈꾸는 다채로운 민주주의론들로 꽃을 피웠다. 이러한 시각에서 19세기부터 3·1운동과 민주공화정의 탄생까지는 《민주주의를 향한 역사》에, 3·1운동 이후부터 해방 직후까지의 민주주의 역사는 《독립을 꿈꾸는 민주주의》에 담아 출간했다.

두 책을 쓰면서 새삼 3·1운동이 민주주의 역사에서 얼마나 중요한 사건인지 깨닫게 되었고, 그 속에서 수많은 오늘의 나를 발견할 수 있었다. 두 책의 곳곳에 산재한 3·1운동의 역사를 민주주의적 관점에서 재구성해보고픈 마음을 이 책에 담았다. 새로 쓴 장도 있지만, 그동안 3·1운동을 주제로

벌였던 대중강연의 원고와 최근 집필한 3·1운동 관련 논문
들도 구성에 맞춰 함께 실었다. 3·1운동과 관련한 기본 사료
들을 다시 들추며 풍부한 사례를 찾아 넣었다. 이 책은 3·1
운동 100주년을 맞아 역사의 현재화와 개인화의 경험을 더
많은 사람들과 나누기 위해 기획되었다.

  이 책은 '공간, 사람, 문화, 세계, 사상, 기억'이라는 개념을
화두로 3·1운동의 역사를 이야기하고 있다. 먼저 '공간'을
다루면서는 그동안 분단의식에 가려 드러나지 않았으나 북
부지방이 3·1운동의 전국화를 이끌었고, 이때부터 농촌이
아닌 도시가 시위를 촉발하는 공간으로 자리 잡았다는 데 주
목한다. '사람'이라는 코드로는 3·1운동을 통해 천도교가 한
국인 사회 주류로 부상하고 학생과 여성, 노동자와 농민이 저
항주체로 탄생했다는 사실과 말 그대로 '누구나' 만세시위를
이끌고 참여하면서 3·1운동이 전국화·일상화되었다는 점을
다룬다. '문화'에서는 오늘날 저항문화의 기원인 비폭력 평화
시위로서의 만세시위, 다양한 인쇄매체와 태극기와 애국가의
등장을 살펴보고 한국인만의 독특한 연대문화와 인권 변론
을 통한 법정투쟁도 3·1운동에서 본격화되었다는 점을 다룬
다. '세계'를 다루면서는 3·1운동에 전 세계가 열광한 것이
아니며, 각자 제국주의, 반(半)식민지 등의 처지에 따라 다르
게 보았다는 점을 서양, 중국, 일본의 사례를 통해 살펴본다.

'사상'에서는 3·1운동이 지향했던 민주주의, 평화, 비폭력주의에 대해 다룬다. 보론으로 다룬 '기억'과 관련해서는 3·1운동의 역사상이 '거족적인 항일투쟁'으로 고정화되어가는 과정을 살핀다. 가장 좋은 분석 대상은 교과서다. 교과서에서 어떻게 3·1운동에 관한 상식을 만들어왔는지를 해방 직후부터 오늘날까지 추적한다.

민주주의의 눈으로 3·1운동을 바라보면서 새삼 새롭다는 인상을 갖게 된다. 새로운 자료 발굴도 중요하지만 새로운 해석도 역사를 다채롭게 이해하게 한다. 이 책을 통해 100년의 세월 동안 민족의 잣대로 해석되어왔던 3·1운동을 오늘의 '나', 그리고 민주주의라는 가치로 다르게 볼 기회를 갖게 된다면, 더없는 영광이겠다. 여기서 오늘의 '나'는 2017년 거리에서 민주주의의 봄을 맞았던 촛불시민으로서의 나이기도 하다. 1700만의 개인을 비폭력 평화시위로 이끌어냈던 힘을 1919년의 만세시위 현장 속에서 느끼며 유난히 무더웠던 2018년 여름을 견딜 수 있었다. 미력하나마 이 책을 쓸 수 있었던 건 그동안 뜻깊은 연구 성과를 내놓았던 동학들의 노고 덕분이다. 감사의 마음을 전한다.

차례

1장

공간

북부, 그리고 도시에서 발화하다

1987년 6월 항쟁을 대표하는 사진 중에 한 남성이 대형 태극기를 들고 도로 한가운데를 달리는 사진이 있다. 서울 시내 한복판에서 '호헌철폐, 독재타도'를 외친 사람들이라면 '어, 언제 그런 일이 있었지?' 하고 궁금해한다. 6월 항쟁은 서울만이 아니라 전국적으로 일어났다. 그리고 그 사진 속 거리는 부산 시내다. 서울이 민주화운동의 중심지이기는 하나, 서울에서만 시위가 일어난 게 아니라는 사실은 종종 망각된다. 1960년 4월 19일에도 서울 경무대 앞에서만 시위가 일어난 것이 아니다. 부산, 광주, 인천, 목포, 청주 등에서도 수많은 학생과 시민이 거리로 나섰다. 이렇게 굳어진 서울 중심의 역사상은 3·1운동을 이해하는 데도 영향을 미쳤다.

1919년 3월 1일에 서울에서만 시위가 일어난 줄 아는 사람들이 대부분이다. 서울이 3·1운동을 잉태한 곳은 맞지만, 이날 서울 말고도 6개 도시에서 만세시위가 일어났다는 사실을 아는 사람은 많지 않다. 여기에는 아픈 분단의 역사도 영향을 미쳤다. 평양, 진남포, 안주, 의주, 선천, 원산. 이 6개 도시는 모두 북부지방에 자리하고 있다. 지금의 군사분계선 너머 북녘 땅에서 1919년 3월 1일에 일어난 시위는 '눈에서 멀어진 만큼' 잊히고 말았다. 6개 도시의 만세시위를 잊으면, 바로 다음 날부터 어떻게 만세시위가 전국으로 확산되었는지를 설명할 수 없다. 3·1운동 100주년, 분단과 함께 역사에서 지워진 공간인 북부지방의 3·1운동에 새삼 주목하게 된다.

3·1운동을 잉태한 서울의 3월 1일 시위

1919년 3월 1일의 만세시위 하면 서울 탑골공원에서 시작된 만세시위를 떠올린다. 서울은 3·1운동을 잉태한 곳이었다. 천도교와 기독교는 서울만이 아니라 지방의 종교 지도자들까지 아울러 민족대표를 꾸렸고, 경향각지에서 서울로 유학 온 학생들은 일사불란하게 독립시위를 준비했다.

조선총독부는 종교계 인사들과 학생들이 분주히 독립시위를 준비하고 있다는 사실을 알아채지 못했다. 하지만 사회 분위기가 심상치 않다는 것은 자각하고 있었다. 조선총독부 기관지인 《매일신보》 1919년 3월 1일자는 그것을 '요상한 구름'이라고 표현했다.

> 민족자결에 공명하는 사상과 이태황 승하의 원인에 대한 망설에 현혹되어 원망하는 마음이 상하의 구별 없이 그들의 가슴속에 충만하여 일종의 요운(妖雲)이 경성 전 시에 가득 차, 누구의 말이랄 것도 없이 국장의 전후에 무슨 일이나 사변이 발발하지 않을까 하는 말이 퍼져, 민심은 매우 평온하지 않은 상태에 있었다.[1]

조선총독부가 미처 눈치채지 못한 결정적 이유는 2월 말부터 서울이 고종 장례식으로 들썩이고 있었기 때문이다. 고종은 1월 21일에 급사했고, 장례일은 3월 3일로 예정되어 있었다. 2월 28일에는 고종 장례식 예행연습이 있었다. 수많은 서울 사람들과 지방에서 장례식을 보기 위해 올라온 사람들이 그날도 광화문 거리를 가득 메웠다. 평소에는 하루에 남대문역(지금의 서울역)으로 상경하는 사람이 2천 명을 넘지 않았다. 하지만 2월 26일에는 3천여 명, 27일에는 6천여 명, 28일에는 1만 4천여 명이 상경했다. 경향각지에서 사람들이 몰려드는 가운데, 천도교, 기독교, 불교 등 종교계와 학생들이 〈기미독립선언서〉(이하 독립선언서)를 전국으로 배포하고 모임을 가지며 다음 날 벌어질 시위를 준비하고 있었다.

3월 1일 새벽 학생들이 뿌린 독립선언서가 시내에서 발견되었다. 오전에는 덕수궁에서 고종 장례 절차의 하나인 조문을 낭독하는 의식이 치러졌다. 시내에는 고종 장례식을 보기 위해 전국에서 모여든 사람들로 가득 차 있었다. 정오 무렵부터 학교 교문을 나온 학생들은 탑골공원으로 행진하면서 독립선언서를 배포했다. 민족대표 33인 중 29인은 태화관에 집결했다. 이때 학생 대표인 강기덕 등이 태화관으로 찾아와 탑골공원에서 독립선언식을 거행할 것을 종용했으나, 민족대표들은 폭동을 우려하며 거절했다.

오후 2시 민족대표들은 태화관에서 독립선언식을 가졌다.

먼저 독립선언서를 배포했으나, 낭독하지는 않았다. 종로경찰서에 독립선언서를 전달할 인력거꾼을 보내고 점심 식사를 하던 중 경찰들이 달려왔다. 이에 한용운이 무사히 독립선언서를 발표하게 된 것을 축하하는 연설을 한 다음 다 함께 일어나 독립만세를 세 번 외쳤다. 이후 자동차 한 대로 여러 번 나누어 타고 경무총감부로 연행되었다.

민족대표들이 독립선언식을 가졌던 시각인 오후 2시에 탑골공원에는 200여 명의 학생들이 집결해 있었다. 민족 대표들이 나타나지 않자, 해주 출신의 기독교 지도자인 "아래 위에 수염이 있는, 머리를 깎은 마른 흰 얼굴의 삼십 몇 세의 백색 한복을 입은"[2] 정재용이 팔각정에 올라 독립선언서를 낭독했다. 시위대는 독립선언서 낭독이 끝나자 독립만세를 부르며 탑골공원을 나와 행진을 시작했다.

탑골공원을 나온 시위대는 동대문과 종로 방향으로 나뉘어 행진했다. 종로 쪽으로 나아간 시위대는 보신각에서 다시 둘로 나뉘었다. 한 갈래 시위대는 남대문통(남대문로) → 남대문역(서울역) → 의주통(의주로) → 미국영사관 → 이화학당 → 대한문 → 광화문 → 조선보병대 → 서대문정(서대문로) → 프랑스영사관 → 서소문정(서소문로) → 장곡천정(소공로) → 본정(충무로)으로 행진했다.

다른 한 갈래 시위대는 무교정(무교로) → 대한문 → 덕수궁 안→미국영사관→대한문으로 행진한 후 다시 두 갈래로 나뉘었다. 그중 한 갈래는 광화문→조선보병대→서대문정→프랑스영사관→서소문정→장곡천정→본정으로 행진했다. 다른 한 갈래는 무교정→종로통→창덕궁→안국정(안국로)→광화문→조선보병대→서대문정→프랑스영사관→서소문정→장곡천정→본정으로 행진했다.

탑골공원을 나와 동대문 방향으로 가던 시위대는 창덕궁 방향으로 꺾은 후 안국정을 거쳐 광화문→서대문정→프랑스영사관으로 행진했다. 이 중 일부는 미국영사관→대한문→장곡천정→본정으로 행진했다. 또 한 무리는 종로통과 동아연초회사를 거쳐 동대문에서 해산했다.

탑골공원에서 200여 명으로 출발한 시위대는 오후 내내 서울 시내를 돌면서 수천 명에 이르게 되었다. 여러 갈래로 나뉘어 만세시위를 벌이던 시위대는 오후 4시경 본정으로 집결했다. 그들이 향한 곳은 남산 자락에 있는 조선총독부였다. 이에 놀란 조선총독부는 조선군사령관에게 군대 파견을 요청해, 오후 5시 무렵에 본정 2정목에 방어선을 치고 시위대를 해산시켰다.

서울 시내에서 일어난 시위는 저녁이 되자 교외로 확산되었다. 저녁 8시경 마포에 있는 전차 종점 부근에서는 전차에서 내린 사람들이 집결하면서 200여 명이 모여 시위를 벌였

다. 오후 11시경에는 신촌 연희전문학교 부근에서 학생 200
여 명이 만세시위를 벌였다. 자정이 넘어서는 종로에서 400
여 명이 만세시위를 벌이며 종로경찰서로 향하기도 했다.

이날의 시위 진압 상황을 일본의 영자신문인 《재팬 애드버
타이저》는 다음과 같이 보도했다.

하세가와 총독이 군의 출동을 명해 보병 78연대 야마모토
소좌 이하 1개 중대를 동원해 총검으로 진압했다. 조선헌병
대 보고서에 따르면 3월 1일 당일에 용산 보병 3개 중대와
1개 기병 소대를 동원해 헌병과 경찰을 지원해 시위대를 진
압했으며, 오후 7시에 겨우 소강상태를 맞았다. 3월 1일 경
찰이 칼을 빼들어 시위대를 무력 진압했다.[3]

이처럼 3·1운동이 시작된 첫날에 조선총독부가 자리한 서
울에서는 군대라는 무력이 시위 탄압에 투입되었다. 이날 시
위대는 폭력을 행사하지 않았다. 비폭력 평화시위임에도 총
독은 군대를 동원해 무력 진압할 것을 명령했다. 무단정치의
단면을 잘 보여주는 장면이라 할 수 있다. 한편 1919년 3월
1일 일본 도쿄에서도 참정권, 즉 보통선거를 요구하며 1만여
명이 참가한 대규모 시위가 벌어졌다.

3월 1일의 만세시위: 평양, 진남포, 선천, 의주, 원산, 안주

3월 1일 서울에서만 만세시위가 일어난 것은 아니었다. 서울만을 떠올리며 3·1운동의 출발을 이해하게 되면, 바로 다음 날부터 전국, 특히 북부지방에서 잇달아 만세시위가 일어난 현상을 제대로 설명할 수 없다. 1919년 3월 1일 평양·진남포·안주(평안남도), 선천·의주(평안북도), 원산(함경남도) 등 6개 도시에서도 만세시위가 일어났다. 모두 북부지방에 있는 도시였다. 이후 만세시위는 보름 동안 북부지방을 중심으로 확산되었고 3월 중순 이후에 중남부로 확산되면서 전국화·일상화되었다. 이처럼 북부지방이 3·1운동의 도화선 역할을 했다는 사실은 남북분단이라는 현실 속에서 제대로 조명받지 못했다.

평양의 3월 1일 만세시위는 기독교와 천도교가 준비했다. 각자 준비는 따로 했지만, 3월 1일에는 연대시위를 펼쳤다. 먼저 장로교 지도자들은 서울의 독립운동 소식을 예의주시하고 있다가 3월 1일 오후 2시에 독립선언식이 열린다는 소식을 듣자 곧바로 본격적인 준비에 들어갔다. 각 장로교회에 3월 1일 오후 1시부터 장대현교회 옆 숭덕학교 운동장에서 고종의 죽음을 추모하는 봉도식을 거행할 예정이니 참석하라는 통지서를 발송했다. 장로교계 학교인 숭덕학교와 숭현여학교 학생들은 태극기를 제작했다.

감리교에서는 민족대표의 한 사람인 신홍식 목사의 제안에 따라 독립시위를 준비했다. 감리교 지도자들은 남산현교회에서 오후 1시에 독립선언식을 갖기로 하고 본격적인 준비와 연락에 들어갔다. 감리교계 학교인 광성학교 학생들은 태극기를 만들었다.

천도교 평양대교구는 서울의 천도교중앙총부와 연락하며 만세시위를 준비했다. 2월 하순에는 평양대교구 산하 교구장 회의를 소집하고 연락을 기다렸다. 2월 28일 평양대교구는 평안북도 선천의 천도교구장 김상열로부터 평양역에 사람을 보내라는 전보를 받았다. 평양대교구장 우기주가 직접 평양역으로 나가 서울에서 인쇄한 독립선언서를 받았다. 우기주는 독립선언서를 교구장회의에 참석한 천도교 지도자들을 통해 각 지역에 배포했다. 그리고 평양의 천도교인들에게 고종 봉도식 행사를 알린 후 급히 독립선언서를 인쇄했다. 그리고 장로교와 감리교에 독립선언서를 보내고 태극기를 제작했다.

마침내 3월 1일 오후 1시에 장로교, 감리교, 천도교가 각각 고종 봉도식을 개최했다. 장로교인들은 오후 1시에 숭덕학교 운동장에 집결해 고종 봉도식을 거행했다. 장로교인은 물론 지역 유지들까지 참여하여 참석자 수는 3천 명을 훌쩍 넘었다. 선교사 마펫(S. A. Moffett)은 내빈석에 착석했다. 사복형사들이 좌중을 예의주시하는 가운데 봉도식은 찬송가와 기도로 조의를 표하며 간단히 끝났다. 그러고서 갑자기 대형 태극기가 단상에 게양되었고, 도인권 장로가 단상에 뛰어올라 독립선언식 개회를 선언했다. 숭덕학교 교사 곽권응은 그 자리에 모인 사람들에게 태극기를 배포했다. 독립선언식은 김선두 목사의 사회로 시작되었다. 정일선 목사가 독립선언서를 낭독했고, 김선두·강규찬 목사가 연설했다. 이어 윤원삼 장로가 독립만세를 삼창하자 사람들이 따라 외쳤다. 곽권응은 애국가 제창을 지휘했다. 평양경찰서장이 직접 나서 해산을 요구했지만, 운동장에 모였던 장로교인들은 학교 밖으로 빠져나가 시내로 진출했다.

감리교인들도 오후 1시에 남산현교회에서 고종 봉도식을 간단히 끝내고 독립선언식을 열었다. 사회는 김찬홍 목사가, 독립선언서 낭독은 주기원 목사가, 연설은 박석훈 목사가 담당했다. 감리교 유사인 김연실, 교사인 채애요라 등은 태극기를 참석자들에게 배포했다. 독립선언식을 마친 감리교인들은 독립만세를 부르며 시내로 쏟아져 나왔다. 천도교인들도 같은 시각에 고종 봉도식과 독립선언식을 거행하고 만세행진을 벌였다.

세 군데서 출발했지만, 시내에서는 곧바로 연대시위가 벌어졌다. 숭덕학교 운동장에서 출발한 장로교 시위대는 천도교회에서 집회를 마치고 진출한 천도교 시위대와 합세했다. 그들이 평양경찰서 앞에 이르자 경찰과 헌병이 가로막고 나섰다. 이때 남산현교회에서 출발한 감리교 시위대까지 합류했다. 세 방면에서 시작된 만세시위가 오후 3시쯤 평양경찰서 앞에서 하나의 대오를 형성한 것이다. 시위대는 일본인들이 거주하는 신시가지로 들어가 평안남도청과 평양재판소 앞 대로를 누빈 후 평양역 광장으로 나아갔다. 평양부청, 평양중학교, 평양감옥 앞도 거쳐갔다.

기독교와 천도교가 연대해 만세시위를 벌인다는 소식이 퍼지자, 평양 인근 지역과 학교에서는 급히 시위대를 조직해 시내로 진출했다. 저녁에는 낮에 집결한 숫자의 배가 되는 시위대가 평양경찰서를 포위했다. 경찰이 소방대를 동원해 물을 뿌렸으나 시위대는 해산하지 않았다. 오후 6시쯤 경찰서 창문이 날아온 돌에 깨지자 헌병과 경찰은 공포를 쏘며 시위자 검거에 나섰다. 발포에 분격한 시위대가 경찰을 향해 달려들면서 충돌이 일어났다. 결국 오후 7시쯤 수비대 군인들이 출동해 시위대를 해산시켰다. 그럼에도 학생들이 악대를 앞세우고 만세를 부르며 거리를 행진하는 모습은 밤늦게까지 이어졌다. 이날부터 철시를 단행한 상인들은 9일까지 상점

문을 열지 않았다.

15세의 나이에 기독교계 학교 학생으로 이날 만세시위에 참여했던 독립운동가 김산은 다음과 같이 회고했다.

> 우리는 수천 명의 다른 학생, 시민들과 함께 대오를 이루어 노래를 부르고 구호를 외치면서 거리를 누볐다. 나는 너무나 기뻐서 가슴이 터질 것만 같았다. 모든 사람들이 환호하였다. 나는 흥분한 나머지 하루 종일 밥 먹는 것도 잊어버렸다. 3월 1일에 끼니를 잊은 조선인이 수백만 명은 될 것이다.[4]

평양의 3월 1일 만세시위는 기독교와 천도교의 연대시위로 시작되었다. 또한 학생들은 자신의 학교가 속한 기독교 계파의 일원으로 종교인들과 연대했다. 이처럼 첫날부터 평양에서 시작된 종교인 연대시위와, 종교인과 학생의 연대시위는 이후 만세시위에도 영향을 미쳐 곳곳에서 연대시위가 이어졌다. 상인들은 철시로 호응했다. 더불어 평양에서도 서울처럼 첫날부터 군대라는 무력이 진압에 동원되었다.

진남포는 평안남도에 자리한 신흥 공업도시이자 항구도시였다. 3월 1일 진남포 만세시위는 감리교계 학교인 삼숭학교의 교장 홍기황이 이끌었다. 홍기황은 평양에서 신홍식 목사에게 서울의 독립선언식 모의 소식을 듣고 2월 27일에 돌아왔다. 그는 삼숭학교 교사 및 감리교 전도사들과 의논해 서울과 마찬가지로 3월 1일 오후 2시에 신흥동 감리교회에서 독립선언식을 갖기로 합의하고 독립시위 준비에 들어갔다. 홍기황은 감리교인은 물론 천도교인들과도 연락을 취했다. 감리교인으로서 부두미곡중개조합원인 노윤길은 부두 노동자들에게 연락했다. 또한 그는 평양의 감리교 측 김찬흥 목사를 찾아가 그의 소개로 장로교 장로 윤원삼에게 독립선언서 100매를 받아 3월 1일 첫 열차로 돌아왔다. 노윤길이 홍기황에게 독립선언서를 전달하자, 홍기황은 500개의 태극기 제작을 서두르는 한편, 삼숭학교 교사 조두식에게 독립선언서 등사를 부탁했다. 조두식은 독립선언서를 원본으로 첫 부분과 마지막 부분을 발췌한 원고를 작성해 삼숭학교 교사 홍기주와 함께 삼숭학교 등사기로 800매를 인쇄했다. 홍기황은 주동자들에게 오후 2시에 신흥교회 종이 울리면 독립선언서를 거리에서 배포하도록 지시했다.

마침내 오후 2시 삼숭학교 학생 100여 명을 포함해 신흥 감리교회에 500여 명이 모였다. 고종 봉도식을 끝내고 홍기황이 독립선언서를 낭독한 다음, 시위대는 오후 3시경에 '독립만세'라고 쓴 깃발과 대형 태극기를 앞세우고 시내에서 만세시위를 벌였다. 시위대가 진남포경찰서 앞에 이르러 독립 만세를 외치자 경찰이 발포했다. 김기준과 그의 부인이 그 자리에서 절명했다. 경찰은 그날로 평양에서 보병부대원을 파견받아 만일의 사태에 대비했다.

3월 1일 진남포 만세시위는 감리교인의 주도로 천도교, 학생, 노동자와의 연대에 기반해 일어났다. 그리고 무엇보다 3월 1일 첫날부터 일본 경찰의 발포로 인해 희생자가 발생한 곳이라는 점에 주목하지 않을 수 없다.

선천은 평안북도에 있는 도시로 서울과 신의주를 잇는 경의선과, 평양과 신의주를 잇는 평의선이 지나가는 교통요지였다. 선천에는 민족대표의 한 사람인 양전백 장로교 목사가 북교회를 맡고 있었다. 양전백은 자신과 마찬가지로 '105인 사건'으로 고초를 겪은 장로교계 신성학교 성경 교사 홍성익과 독립선언식 준비를 했다. 2월 27일 홍성익은 신성학교 교사 김지웅, 남교회 목사 김석창 등과 함께 본격적인 준비에 나섰다. 신성학교 학생들과의 연락과 조직은 김지웅이 맡았다. 다음 날인 2월 28일 양전백은 3월 1일 서울에서 열리는 민족대표의 독립선언식에 참가하기 위해 선천을 떠났다. 김지웅은 양전백으로부터 며칠 전에 받아두었던 〈2·8독립선언서〉를 신성학교 학생들에게 건네며 등사를 부탁했다.

3월 1일 독립시위를 위해 별도의 독립선언서가 준비되고 있음을 알고 있었지만, 혹시 도착하지 못할 것에 대비한 것이었다. 또한 김지웅은 학생들에게 파리강화회의 소식을 전한 1월 28일자 《매일신보》 기사와 베이징에서 발간되는 영자신문 기사의 번역문, 그리고 운동가인 '행보가' 등도 인쇄하도록 했다. 태극기 제작도 학생들의 몫이었다. 시위 준비가 한창이던 2월 28일 밤 서울에서 민족대표 박희도의 부탁으로 민족대표 김창준 목사에게 독립선언서 약 300매를 받은 이계창이 선천에 도착했다. 그는 김지웅을 만나 독립선언서를 전달했다.

3월 1일 평소대로 12시에 열리는 신성학교 기도회에 참석하기 위해 교사와 학생 들이 모였다. 이때 홍성익이 단상에 올라, 예배를 인도하는 대신 칠판에 종이를 붙인 뒤 '독립'이라 혈서를 쓰고 연설을 했다. 그리고 학생 140~150명이 교사 정상인의 지휘 아래 교문 밖으로 몰려 나갔다. 그들은 '조선독립단'이라고 쓴 깃발과 대형 태극기를 앞세우고 거리행진을 시작했다. 그리고 시민들에게 독립선언서와 태극기를 나누어주었다. 미리 만세시위 소식을 알고 있던 보성여학교 학생 60여 명도 시위대열에 합류했다. 학생들은 남교회와 북교회를 지나 시내로 진출했다.

천남동 시장에 이르는 동안 시민들이 합세하면서 시위대

는 2천여 명으로 불어났다. 시장 한가운데서 독립선언식이 거행되었다. 김지웅이 독립선언서를 낭독했고, 군중에게는 태극기와 독립선언서와 〈2·8독립선언서〉, 신문 기사의 번역문과 운동가가 실린 전단지들이 배포되었다. 독립선언식을 마친 시위대는 정상인의 지시를 따르며 대형 태극기를 앞세운 채 시가행진을 벌였다. 시위대는 진남포부청과 진남포 경찰서 앞에서 시위를 벌인 후 시가지를 돌았다. 앞서 살펴보았지만, 천도교 선천교구장 김상열은 2월 28일에 귀향하면서 평양에 독립선언서를 건넨 바 있었다. 3월 1일에는 선천의 천도교인들이 거리에 나와 김상열이 가져온 독립선언서를 시민들에게 나누어주며 시위에 동참했다.

선천에도 일본군이 즉각 투입되었다. 보병 77연대 장교 이하 25명이 기마경찰대와 함께 출동해 시위대 해산에 나섰다. 일본군의 발포로 대형 태극기를 들고 있던 기수 강신혁이 그 자리에서 절명했다. 오후 6시 시위대가 완전히 해산했다. 그날 밤 경찰은 신성학교 기숙사와 교직원 사택, 교회 목사관 등을 수색해 주모자와 시위 참가자를 체포했다. 신성학교 교사와 학생이 대부분이었다.

3월 1일 선천의 만세시위는 신성학교 교사와 학생을 중심으로 학생과 종교 연대로 준비되었으며, 시위 현장에서는 천도교와의 연대가 실현되었다. 만세시위 현장에서는 서울로부터 온 독립선언서와 〈2·8독립선언서〉가 동시에 배포되었다. 또한 진남포와 마찬가지로 첫날부터 일본군의 발포로 희생자가 생겨났다.

원산은 함경남도에 자리한 도시로서 1876년 강화도조약으로 개항한 대표적인 무역항이었다. 원산의 3월 1일 만세시위를 준비한 사람은 민족대표의 한 사람으로 남감리교회 목사였던 정춘수였다. 그는 민족대표인 이갑성과 오화영이 서울로부터 전해온 3월 1일 독립선언식 소식을 듣고 장로교와의 연대시위를 준비했다. 장로교 전도사 이가순과 감리교 전도사 곽명리를 불러 서울에서 독립운동 준비가 이루어지고 있다는 사실을 알렸다. 이가순은 서울에서 독립선언서가 늦게 도착할 경우를 대비해 장로교 전도사 이순영과 급히 독립선언서를 썼다. 다음 날 정춘수는 곽명리를 서울로 보내 자세한 소식을 알아오도록 했다. 곽명리는 서울에서 민족대표 김창준의 소개로 민족대표 오화영을 통해 독립선언서 100매를 받아 2월 28일 오후에 돌아왔다. 정춘수는 곧바로 감리교와 장로교 지도자 11명을 소집했다. 이들은 논의 끝에 다음 날인 3월 1일 서울에 호응하여 만세시위를 결행하기로 결의했다. 곧바로 준비에 들어가 주모자 중 13명이 시내 곳곳에서 만세를 부르며 시위를 이끌기 위해 지역을 분담했다. 그리고 밤새 태극기를 만들었다.

　3월 1일은 때마침 원산 장날이었다. 정춘수는 아침에 민족 대표의 독립선언식이 열리는 서울로 출발했다. 이가순은 곽명리가 가져온 독립선언서 중 50매를 함경남도 각 관청에 발송했다. 이순영은 서울에서 보내온 독립선언서와 자신들이 작성한 독립선언서를 감리교계 광명학교 학생들에게 전달하며 배포를 부탁했다. 오후 1시 30분에 울린 종을 신호로 광명학교와 장로교계 배성학교 학생들이 교문을 빠져나와 독립선언식이 열리는 상시장을 향했다. 장로교 지도자 차광은의 지시를 받은 배성학교 학생 4명은 거리에서 독립선언서를 배포했다. 오후 2시 13인의 주동자들은 약속한 장소에서 독립선언서를 낭독했고, 시위대는 만세를 부르며 행진했다. 학생들은 북을 치고 나팔을 불며 시위대를 이끌었다.

　오후 4시 인력거에 올라탄 곽명리, 이가순 등의 지휘로 1천여 명의 시위대가 악대를 앞세우며 일본인 시가지로 행진했다. 원산경찰서 앞에 도착한 시위대가 독립만세를 부르자 경찰과 헌병들은 물론 소방대원들이 물감이 든 물을 뿌리며 시위대 해산에 나섰다. 시위대는 흩어졌다 모이기를 반복하면서 앞으로 나아갔다. 헌병과 경찰이 공포를 쏘자 시위대는 일단 흩어졌다가 다시 원산역 앞에서 오후 6시까지 만세시위를 벌였다.

3월 1일 원산 시위는 민족대표 정춘수가 추진한 것이었다. 그렇기 때문에 서울과 직접 연락을 취하며 독립시위 준비를 했고, 독립선언서도 직접 서울로부터 받을 수 있었다. 또한 기독교 연대시위로서 장로교인과 감리교인이 함께 시위를 준비했으며, 기독교계 학교 학생들도 연대했다. 흥미로운 점은 독립선언서가 도착하지 못할 것에 대비해 자체적으로 독립선언서를 작성했다는 사실이다.

평안북도 의주는 중국으로 가는 관문으로서 전통적으로 상공업이 발달한 도시였다. 1914년에 신의주부가 생기면서 위성도시가 되었다. 3·1운동 당시 민족대표 유여대 목사가 동교회를 맡고 있었다. 유여대는 1919년 2월 중순에 선천에서 열린 평안북도장로회 노회에 참석했다. 이때 서울을 다녀온 이승훈으로부터 독립운동 계획을 듣고 동참할 것을 약속했다. 이승훈은 장로교 장로로서 기독교계를 이끌었던 민족대표였다. 유여대가 서울로부터의 독립운동 준비 소식을 기다리던 중 2월 27일에 정주교회 영수 조형균이 찾아와 서울의 독립선언식 준비 소식을 알렸다. 2월 28일 유여대는 독립운동에 참여할 의사를 표한 20여 명과 함께 양실학교에서 만세시위를 준비했다. 거사 일시는 3월 1일 오후 2시 30분, 장소는 서교회 광장, 즉 양실학교 운동장으로 결정했다. 먼저 양실학교 교사 정명채, 김두칠, 홍석민은 독립선언서가 제때에 도착하지 못할 것에 대비해 〈2·8독립선언서〉를 새벽까지 300매 정도 등사했다. 태극기도 제작했다. 인근 지역 기독교인들과 양실학교 교사와 학생, 학부모 등에게는 다음 날 모임 장소와 날짜를 알렸다. 일본 유학생 출신 안석웅은 3월 1일 오후 2시에 평안북도 도청과 경찰부 등 관공서에 독립선언서를 배포하는 임무를 맡았다.

3월 1일 오후 2시 30분 서부교회 광장에는 700~800명의 군중이 모였다. 주동자들은 독립선언서와 태극기를 시위대에 나누어주었다. 독립선언식은 찬미가를 부르고 개회를 선언한 후 중국 안동현에서 온 목사 김병농이 기도를 하고 유여대가 연설하는 순서로 진행되었다. 이어 유여대가 〈2·8독립선언서〉를 낭독하려고 하는데 때마침 독립선언서 200여 매가 도착했다. 유여대는 미리 준비한 〈2·8독립선언서〉가 아닌 독립선언서를 낭독했다. 이어 〈독립창가〉를 부른 후 김이순과 황대관이 연설을 하고 독립만세를 부른 시위대는 양실학교 학생들을 선두로 태극기를 앞세우고 시가행진에 들어갔다. 이 날 최석련이 교구장으로 있는 천도교 의주대교구에서도 만세시위 현장에서 독립선언서를 배포하며 연대했다. 헌병대가 시위대를 막고 해산에 나섰다.

3월 1일 의주의 만세시위는 민족대표 유여대가 직접 준비했다. 기독교인과 기독교계 학교 학생들이 연대한 시위였고, 시위 현장에서는 천도교인이 독립선언서를 배포하며 연대했다. 〈2·8독립선언서〉를 준비했지만, 극적으로 독립선언서가 시위 현장에 전달되었다.

안주는 평안남도의 평야지대에 자리한 상업도시이자 교통 요지였다. 평양과 신의주를 잇는 평의선과 신안주와 개천을 잇는 개천선이 안주를 통과했다.

안주에서는 동예배당을 세운 김찬성 장로교 목사가 만세 시위를 주도했다. 그는 서울의 독립선언식 준비 소식을 듣고 2월 28일에 독립선언서를 전달받고서는 다음 날 시위를 하기로 결심했다. 그는 아들 김화식을 비롯해 20대의 교회 청년 지도자 10여 명을 긴급 소집했다. 이들은 박의송의 집에 모여 독립선언서를 등사하고 교인들에게 다음 날 독립선언식이 열린다는 소식을 알렸다. 3월 1일 오전에는 김화식의 집에 모여 독립선언식 준비를 계속했다. 이날도 등사기로 독립선언서를 인쇄했다.

3월 1일 오후 5시 안주면 서문 밖에 동예배당 교인들이 모여들었다. 청년 지도자들은 연설을 하고 독립선언서를 나누어주었다. 그리고 시위대와 함께 시내로 진출해 연설을 하고 독립선언서를 배포했다. 헌병대는 주모자들을 체포하고 독립선언서를 압수했다. 수십 명의 시위대가 헌병대 문 앞에 모여 밤을 새우며 철창에 갇힌 주모자들을 격려했다.

3월 1일 안주의 만세시위는 김찬성 목사의 주도로 기독교인들이 일으켰다. 앞선 사례처럼 민족대표나 서울과의 직접적인 연락 없이 3월 1일 시위 준비 소식을 듣고 독립선언서를 입수한 후 곧바로 기독교 청년 지도자들을 중심으로 자발적으로 시위를 준비한 특징을 갖고 있다.

7개 도시 만세시위의 의미

3월 1일에 만세시위가 일어난 7군데가 모두 도시였다. 우선 일제시기에 서울과 평양은 대표적인 도시였다. 원산과 진남포는 개항장으로서 항만도시였다. 진남포는 신흥 공업도시이기도 했다. 의주는 국경지대에 자리한 전통적인 상업도시였고, 선천과 안주에는 중심부인 선천면과 안주면에 평안도를 대표하는 시장들이 자리하고 있었다. 무엇보다 이들 7개 도시에는 모두 철도역이 있어 독립시위 소식을 빠르게 접하고 전파할 수 있었다.

또한 대부분 도시에서 종교 연대 혹은 종교계와 학생의 연대를 바탕으로 만세시위가 일어났다. 서울에서는 천도교·기독교·불교의 연대, 그리고 종교계와 학생의 연대를 기반으로 독립선언식이 준비되었다. 평양에서는 장로교와 감리교, 천도교의 종교 연대로 대규모 시위를 이끌어냈다. 종교와 학생 의 연대도 이루어졌다. 진남포에서는 기독교인의 주도로 학생은 물론 천도교인과 노동자가 연대했다. 선천에서는 기독교계 학교의 주도로 기독교인과 연대했으며 천도교인과도 함께 만세시위를 벌였다. 원산에서는 장로교와 감리교, 즉 기독교 연대로 함께 시위를 준비했으며, 기독교계 학교 학생들도 연대했다. 의주에서는 기독교인과 기독교계 학교 학생들이 연대했으며, 시위 현장에서는 천도교인까지 연대했다.

이처럼 연대시위라 해도 기독교가 주도적으로 준비한 시위가 대부분이었다. 특히 민족대표로 참여한 기독교 지도자들의 역할이 두드러졌다. 선천의 시위를 준비한 양전백, 원산의 시위를 준비한 정춘수, 의주의 시위를 이끈 유여대가 바로 기독교계 민족대표였다. 안주의 만세시위는 김찬성 목사가 주도했다. 진남포에서는 감리교 계통인 삼숭학교, 선천에서는 장로교 계통인 신성학교가 중심이 되어 만세시위를 추진했다. 서울을 포함해 사실상 7군데 모두에서 기독교계가 주도적으로 만세시위를 준비했던 것이다.

흥미로운 건, 7군데 만세시위 모두에서 독립선언서가 낭독되었다는 점이다. 이는 서울에서 천도교와 기독교 지도자들이 2월 27일에 독립선언서를 인쇄하고 다음 날인 2월 28일 전국적인 배포를 시도한바, 그것이 성공했음을 의미한다. 평양의 경우는 2월 28일 천도교 선천교구장 김상열이 서울에서 가져와 전달했다. 진남포에서는 평양에서 만세시위를 준비하던 장로교 장로인 윤원삼에게 받아왔다. 선천에서는 서울에서 박희도의 부탁을 받은 이계창이 전달했다. 천도교구장 김상열도 서울에서 독립선언서를 가져왔다. 원산에서는 곽명리가 서울에 가서 직접 받아왔다. 안주에서도 2월 28일에 독립선언서를 받았다. 의주만 3월 1일 당일에 독립시위 현장에 독립선언서가 전달되었다. 선천과 의주에서는 독립선언서가 도착하지 못할 것에 대비해 〈2·8독립선언서〉를 인쇄했다. 원산에서는 자체적으로 독립선언서를 작성하기도 했다. 하지만 서울에서 배포한 독립선언서가 7군데 모두에 배포되어 시위 현장에서 낭독되었다.

조선총독부는 첫날부터 군대를 동원해 무력으로 탄압했으며, 군인과 경찰의 발포로 3명의 희생자가 나왔다. 서울, 평양, 선천에서 군대가 출동했으며, 진남포에도 군대가 파견되었다. 진남포에서는 경찰의 발포로 2명이, 선천에서는 군인의 발포로 1명이 희생되었다. 평화로운 비폭력 시위에 대한 무력탄압은 무단정치의 단면을 보여주는 동시에 이후에 일어난 만세시위에 대한 조선총독부의 강경 대응의 전조이기도 했다.

한편 안주의 경우 민족대표나 서울과의 직접적인 연계를 가졌던 다른 지역과 달리 3월 1일 시위 준비 소식을 듣고 독립선언서를 입수한 후 곧바로 만세시위를 일으켰다. 이러한 자발적 모습은 이후 만세시위가 확산되는 양상과 유사하다. 만세시위는 다른 지역의 만세시위 소식을 듣거나 시위 현장을 직접 목격하고는 독립선언서를 손에 넣은 후 자신이 살고 있는 마을에서 만세시위를 준비하는 양상을 띠며 전국으로 확산되었다. 3월 1일 안주의 만세시위는 3·1운동의 전국화·일상화 가능성을 보여주었다는 점에서 주목된다.

황해도 해주에서는 3월 1일에 만세시위가 일어나지는 않았지만, 민족대표 최성모가 담임목사로 있던 남본정교회에서 고종 봉도식과 함께 독립선언서 봉독식이 거행되었다. 이날 배포된 독립선언서 350매는 2월 28일 오후에 서울에서 민족대표인 박희도가 파견한 김명신이 기독교인 황학소에게 전달한 것이었다. 그날 밤 남본정교회 목사 오현경의 집에 황학소를 비롯해 임용하, 이동혁, 최명현, 김창현 등이 모여 다음날 독립선언서를 봉독하는 행사를 하기로 결의했다. 3월 1일 오후 2시 남본정교회에 기독교인 170~180명이 모였다. 오현경 목사의 주도로 고종봉도식을 마치고 독립선언서가 낭독되었고 만세 삼창이 이어졌으며 독립선언서가 배포되었다.

경기도 개성에서도 3월 1일에 만세시위가 일어나진 않았으나, 독립선언서는 배포되었다. 2월 28일에 민족대표 오화영이 감리교 전도사 김지환을 통해 개성 북부교회 강조원 목사에게 독립선언서 200매를 보냈다. 강조원은 기독교 지도자들과 의논 끝에 감리교계 학교인 호수돈여학교 서기 신공량을 통해 독립선언서를 북부교회에 숨겼다. 이것을 유치원 교사인 권애라와 여전도사인 어윤희가 넘겨받아 3월 1일에 개성 시내에 배포했다. 그리고 3월 3일에 개성 최초의 만세시위가 호수돈여학교 교사와 학생에 의해 일어났다. 3·1운동 당시 여교사와 여학생의 활약이 큰 주목을 받았는데, 개성에서 여성들이 독립선언서 배포에 나서는 등 첫날부터 여성의 활약상이 시작되었음을 알 수 있다.

만세시위의 발상지, 북부지방

3월 1일 만세시위가 일어난 7개 도시 중 서울을 제외한 6곳이 평안도와 함경도, 즉 북부지방에 자리하고 있었다. 서울에서 천도교와 기독교 지도자들이 독립선언을 준비한 만큼 천도교와 기독교 교세가 강했던 북부지방에서도 함께 만세시위를 준비했기에 가능한 일이었다.

북부지방은 전통적인 문명 소외 지역이었다. 예부터 빈부 격차와 신분상의 격차도 그리 크지 않은 지역이었다. 그러므로 지주와 소작인 사이의 계급갈등이 그다지 심각하지 않았고, 자산가나 중소지주·자작농의 비율이 상대적으로 높은 지역이었다. 그리고 '반상의 구별도 빈부의 차도 없는 만민일치의 평등을 구가하는' 함경도나 '빈부의 정도가 대개 평형하여 지소작 문제가 생길 염려가 없는' 평안도의 경우 지역주의가 강한 편이었다.

북부지방은 지역차별에 반발해 일어난 1811년의 홍경래난 이후 오히려 정치적으로는 중앙 진출이 더욱 어려워졌다. 그래서 서양 문명이 들어오자 북부지방 사람들은 학교교육을 발판으로 출세지향적인 삶을 추구하는 강한 보상 심리를 표출했다. 여기에 교육과 함께 그들을 매료시킨 서양 문명이 바로 종교였다.

일본의 침략과 무단통치는 그렇게 교육과 종교를 통해 새로운 근대인으로서 권력에 접근하고자 하는 북부지방 사람들의 꿈을 좌절시켰다. 이미 근대적 세례를 어느 지역보다 많이 받은 북부지방 사람들은 조선총독부에게도 버거운 대상이었다. 조선총독부는 북부지방의 한국인을 회유하는 일과 종교 지도자들을 엄중 감시하는 일을 기본 통치 방침으로 삼았다. 또한 국경지대이기도 한 북부지방에 더 많은 헌병과 군대를 배치했다. 이것이 더 강렬한 저항을 유발했다. 북부지방의 3·1운동의 선도성과 격렬함은 이런 배경에서 나온 것이었다.

북부지방에는 19세기 말부터 토착종교인 천도교와 외래종교인 기독교가 동시에 뿌리를 내리고 있었다. 기독교는 도시의 상공인과 지식인을 중심으로, 동학·천도교는 농촌의 지주·자작농·지식인을 중심으로 확산되었다. 초기 기독교 수용의 주역은 압록강 국경을 넘나들며 청과 무역행상을 하던 의주의 상공인층이었다. 그들은 유교적 전통의 혜택으로부터 배제된 변방의 평민으로서 자신들의 사회적 처지와 저항정신을 대변해줄 새로운 세계관으로 기독교를 쉽게 받아들였다. 20세기에 들어 기독교가 세계적으로도 유례를 찾기 힘든 급속한 발전을 이루면서 북부지방은 선교와 신문화운동의 중심지로 떠올랐다. 그런데 조선총독부는 식민통치를 시작하자마자 1911년에 데라우치 총독 암살 미수사건을 조작해 북부지방 기독교 지도자들을 일거에 잡아들였다. 바로 이 '105인 사건'은 북부지방 기독교인들이 다른 지역보다 강한 반일 저항의식을 품는 계기가 되었다.

한편 북부지방 농촌 지식인들은 정치적 차별로 인한 피해의식을 치유하고자 반정부 투쟁의 전통을 가진 동학을 선택했다. 동학에서 문명개화를 통한 자기혁신과 정치세력화의 가능성을 발견한 지식인들도 동학으로 집결했다. 외래종교인 기독교를 정서적으로 수용하기 어려웠던 농촌 사람들도 토착종교인 동학으로 몰려들었다. 1905년 손병희가 동학을 계승해 천도교를 창건한 이후 북부지방에서 천도교인의 수가 계속 늘어 편중되는 현상을 보였다. 1919년 무렵 약 100만 명가량 되는 천도교인의 80퍼센트 가까이가 북부지방에 살고 있었다. 그리고 전체의 40퍼센트 이상이 평안북도에 몰려 있었다. 1914년에 천도교중앙총부가 전국에 대교구를 설치할 때 35개 대교구 가운데 20개가 북부지방에 위치하고 있었다.

이처럼 정치적 소외감의 극복과 서양 문명화를 기반으로 한 권력 쟁취를 꿈꾸던 비주류인 북부지방 사람들에게 일본의 침략과 무단통치는 고통이자 절망이었다. 그래서 그들은 학교교육을 통해 키워낸 청년 학생들과 함께 독립선언과 만세시위에 주도적으로 나섰다. 33인 민족대표 중 천도교 지도자는 15인, 기독교 지도자는 16인이었다. 그중 평안북도의 양전백·유여대(의주), 이승훈·김병조(정주), 이명룡(철산), 평안남도의 김창준(평양), 나용환·나인협·이종일(성천), 길선주(안주), 홍기조(용강), 임예환(중강), 황해도의 오화영(평산), 박희도(해주), 함경남도의 최린(함흥) 등 15인이 북부지방 출신이었다.

조선총독부의 통계에 따르면 1919년 3월 1일부터 4월 30일까지 1100회가 넘는 만세시위가 일어났다. 첫 주(3월 1~7일)에 147회, 둘째 주(3월 8~14일) 129회, 셋째 주(3월 15~21일) 126회, 넷째 주(3월 22~28일) 224회, 다섯째 주(3월 29일~4월 4일) 327회, 여섯째 주(4월 5~11일) 167회, 일곱째 주(4월 12~18일) 30회, 여덟째 주(4월 19~25일) 8회, 아홉째 주(4월 26~30일)에 10회의 만세시위가 일어났다. 3월 하순부터 4월 초순까지 만세시위가 절정을 이루었음을 알 수 있다. 3월 1일부터 4월 16일까지는 매일 일어났고, 3월 1일부터 4월 11일까지는 매일 10회 내외의 시위가 일어났다. 특히 절정을 이룬 때는 3월 27일부터 4월 3일까지로, 이때는 하루에 50~60회에 이르는 시위가 일어났다. 30회 이상 일어난 날만 15일이나 되었다. 두 달 동안 전국 12개 부와 220개 군 중에서 만세시위가 일어나지 않은 지역은 9개 군에 불과했다.

3월 1일 북부지방 6개 도시에서 일어난 만세시위는 다음 날부터 바로 인근지역으로 확산되어갔다. 3월 1일 이후 일주일간 전국 81개 지역에서 만세시위가 147회 일어났는데, 주로 평안남·북도와 황해도, 함경남도에서 일어났다. 그중 58개 지역이 평안남·북도에 속했다. 3월 1일부터 14일까지 2주간 전국에서 일어난 276회의 만세시위 중 평안남도 71회, 평안북도 45회, 황해도 28회, 함경남도 41회, 함경북도 12회로 70퍼센트가 넘는 시위가 북부지방에서 일어났다.

그중 3월 4일 평양에서 가까운 사천마을에서 일어난 만세시위를 살펴보자. 사천은 강서군과 대동군의 경계에 자리한 마을로 5일마다 장시가 열렸다. 이 장시를 모락장이라 불렀다. 모락장 근처에는 원장교회, 산수리교회, 반석교회, 사천교회가 이웃하고 있었다. 반석교회 장로 조진탁은 2월 28일 평양에 들렀다가 다음 날인 3월 1일 만세시위에 참가한 뒤 독립선언서를 품고 돌아왔다. 곧바로 주변 교회 목사, 장로 들과 의논하여 3월 4일 만세시위를 벌이기로 결정했다. 하지만 사천교회에서 시위 준비를 하다가 헌병보조원에게 들키는 바람에 10여 명이 잡혀가고 말았다. 다행히 사건이 더 이상 확대되지 않아 밤을 새우며 독립선언서를 인쇄하고 태극기를 그리는 일은 계속할 수 있었다.

마침내 3월 4일 오전 10시 합성학교에 1천여 명이 모여 독립선포식을 거행했다. 이어 대형 태극기를 앞세우고 독립만세를 외치며 행진했다. 시위대는 유치장에 갇혀 있는 사천교회 동지들을 구한다며 모락장으로 향했다. 그런데 행진하던 사람들에게 헌병분견소장인 사토 지쓰고로(佐藤實五郎)와 헌병보조원들이 총을 쏘았다. 여기저기서 사람들이 쓰러졌으나 시위대는 흩어지지 않고 돌을 던지며 행진을 계속했다. 사토가 계속 총을 쏘자 시위대는 헌병분견소에 불을 지르고 사토와 헌병보조원들을 때려 죽였다. 이 소식에 헌병대가 즉시 출동하여 400명이 넘는 사람들을 잡아갔다. 이날 시위하던 사람들 중에 19명이 죽고, 40여 명이 다쳤다.

비폭력 평화시위를 하던 시위대에 헌병이 총을 쏘면서 빚어진 유혈사태는 시위대열에 참가한 누구도 예상치 못한 일이었다. 시위를 이끈 사람들은 헌병분견소에 불을 지르고 헌병을 죽였다는 죄로 재판에 넘겨졌다. 모두 49명이었다. 조선총독부의 복수는 집요하고 혹독했다. 처음 시위를 제안한 조진탁은 용케 원산으로 피신했으나, 2년 뒤에 밀정에게 들켜 체포되었고 결국 사형을 당했다. 윤상열, 안상익 등의 20대 젊은이는 물론 노인인 주명우처럼 감옥살이를 하다 죽은 이들도 여럿 있었다. 최능찬은 감옥에서 반신불수가 되어 석방된 후 곧 생을 마감했다. 지석용은 만주로 망명했으나 1919년 8월 13일 평양지방법원에서 궐석재판으로 무기징역을 선고받았다. 결국 1933년 12월에 만주 푸순에서 공소시효 2개월을 남겨놓고 체포되어 평양으로 압송된 후 13년형을 선고받았다.

1919년 3월 4일 모락장을 사이에 두고 이웃하던 사람들이 독립만세를 외치며 비폭력 평화시위를 벌였다. 하지만 헌병 발포라는 공권력에 의한 폭력 행사는 평화시위는 물론 마을

공동체를 무참히 짓밟고 말았다. 시위에 나선 형제가 모두 총에 맞아 죽은 집도 있었고, 급히 몸을 피하는 바람에 그날 이후 아버지, 아들, 형제의 얼굴을 다시는 보지 못하게 된 이들도 있었다. 단 하루 만에 세상이 달라진 것이다.

3월 10일 평안남도 맹산에서는 54명이 학살되는 참극이 일어났다. 학살 장소는 헌병분견소였다. 3월 6일부터 맹산면에서 천도교인들이 만세시위를 벌였다. 3월 10일 맹산헌병분견소장은 천도교인 100여 명을 맹산공립보통학교 앞에 모이도록 한 후 그중 주모자 4명을 체포했다. 분노한 천도교인들이 헌병분견소로 몰려가 시위를 벌였다. 시위대가 헌병분견소 안으로 밀고 들어가자 헌병과 군인 들이 그들을 안에 가두고 발포했다. 이 자리에서 51명이 즉사했고 부상을 입고 도주하다 3명이 더 사망했다. 54명이라는 이날의 희생자 수는 3 · 1운동에서 단일 사건으로는 가장 큰 피해 기록이다.

3월 초 2주간 북부지방을 중심으로 전개되던 만세시위는 3월 중순부터 하순까지는 경기도를 중심으로 중남부 지방에서 주로 일어났다. 이때 북부지방은 소강기에 들어갔다. 그런데 평안도에서는 3월 말을 기해 다시 만세시위가 일어날 것이라는 풍문이 돌았다. 실제로 3월 말부터 평안남·북도에서 다시 만세시위가 일어났다. 4월 초순까지 평안북도 대부분 지역과 평안남도 여러 지역에서 만세시위가 이어졌다. 여기에 황해도가 가세해 북부지방에서 만세시위가 재개되면서 만세시위는 전국적으로 절정을 이루었다.

흥미로운 건, 3월 초순에 평안도에서 일어난 시위가 주로 평안남도와 도시 지역에서 일어났다면, 3월 말에 다시 평안도에서 일어난 만세시위는 평안북도와 농촌 산간 지역을 중심으로 일어났다는 사실이다. 그리고 3·1운동 초기에는 평양, 진남포, 안주, 정주, 선천, 의주 등 평야나 철도 부근 지역에서 먼저 만세시위가 일어나 인근 지역에 커다란 영향을 미쳤다. 이들 지역에서는 기독교 세력이 강했다. 반면 영원, 맹산, 양덕, 덕천, 운산, 창성, 벽동, 초산, 위원 등 산간 지역에서는 천도교 세력이 컸다. 이들 지역에서는 주로 천도교인과 농민이 주도해 만세시위를 전개했다. 결과적으로 평안도는 만세시위가 3월 초순에 일어났다가 소강기를 거쳐 3월 말에 재개되면서 가장 치열하게 저항한 지역이자 가장 많은 희생자를 낸 지역이 되었다. 4월 말까지 검찰에 의해 기소된 6417명 중 평안도 사람이 1484명으로 가장 많았다. 3·1운동 당시 현장에서 사망한 사람의 19.2퍼센트가 평안북도 사람이었고, 1심에서 10년 이상 중형을 선고받은 10명 중 9명도 평안북도 사람이었다.

도시가 시위를 촉발하다

도시는 근대화를 상징하는 경관과 경험이 집적된 공간이다. 1919년 3월 1일 만세시위는 바로 그곳, 서울을 비롯한 평양, 진남포, 안주, 의주, 선천, 원산 등 7개 도시에서 시작되었다. 첫 주의 만세시위는 주로 북부지방의 도청 소재지나 주요 도시에서 일어났다. 시위는 철도와 간선도로를 따라 인근 도시와 농촌으로 점차 확산되어갔다. 3월 중순 이후에 만세시위는 그야말로 전국화되었다. 이제 중부와 남부지방에서까지, 각 면·동·리 마을 곳곳에서 독립만세의 함성을 들을 수 있었다. 이렇게 전국으로 확산된 3·1운동은 두 달이 넘게 지속되었다.

도시가 촉발하고 농촌으로 번져가는 시위 양상. 그것은 새로운 경험이었다. 동학농민전쟁의 기억은 농촌 풍경을 배경으로 한다. 동학농민군은 전라도 일대는 물론 충청도, 경상도, 강원도, 황해도 등 중남부지방의 농촌을 배경으로 활약했다. 하지만 동학농민전쟁 이후 농촌은 차츰 민의가 폭발하는 시위의 중심 공간으로서의 역할을 잃어갔다.

대중시위와 집회, 그에 대한 기억은 이제 도시 공간을 기반으로 형성되어갔다. 1898년 독립협회가 개최한 만민공동회야말로 도시의 비폭력 저항을 상징하는 시위이자 집회였다.

이러한 도시에서의 비폭력 시위와 집회 경험은 3·1운동에도 고스란히 영향을 미쳤다. 도시가 촉발하고 농촌으로 확산되는 양상을 보인 3·1운동은 도시가 시위와 집회의 중심 공간이 되었다는 사실을 다시금 확인시켜주었다. 1926년의 6·10 만세운동과 1929년의 광주학생운동도 도시를 배경으로 하는 독립운동이었다. 이처럼 근대화로 시위 공간이 변화하는 과정에서 3·1운동은 전환기적 분기점에 해당한다.

도시와 농촌의 시위 풍경은 달랐다. 근대화의 심장부인 서울의 시위는 탑골공원에서 독립선언서를 낭독하면서 시작되었다. 탑골공원은 망한 나라, 즉 대한제국 정부가 도시개량사업의 일환으로 시민들의 왕래가 많은 종로 거리에 조성한 근대적 시민공원이요 광장이었다. 독립선언서 낭독과 만세삼창을 마친 학생과 시민 등 시위대는 이들을 진압하려는 군인, 기마경찰, 형사, 헌병 등과 뒤섞여 종로 거리를 가득 메우면서 흥분과 긴장 속에 만세시위를 벌였다. 서울 시위 중 가장 큰 규모의 시위는 고종이 생을 마친 덕수궁 대한문 앞에서 일어났다.

도시에서는 시위 주체도 방식도 새롭고 다양했다. 먼저 근대 교육의 혜택을 입은 학생들이 실질적인 시위 주동세력으로 부상했다. 학생이 독립운동의 동력으로 역사의 전면에 등장하는 순간인 것이다. 학생들은 시위를 모의하는 한편, 등교를 거부하는 집단행동, 즉 동맹휴학으로 맞섰다. 자본주의화와 함께 형성되고 성장한 계급인 노동자도 동맹파업으로 동참했다. 평안북도 의주에서는 3월 3일 의주 공립농업학교 학생들이 동맹휴학에 들어가자 다음 날 노동자들이 동맹파업으로 호응했다.

상인들이 상점 문을 닫는 철시는 만민공동회 시절에도 등장했지만, 이번에는 규모도 크고 장기간 지속되는 특징을 보였다. 평양은 3월 1일부터, 선천·의주·함흥에서는 3월 4일 상인들이 철시를 단행했다. 이어 3월 9일 서울 시내 주요 상점들이 "9일 일체 폐점할 것, 시위운동에 참가할 것, 단 폭행은 하지 말 것, 공약을 어긴 상점은 용서 없이 처분할 것" 등의 내용을 담은 〈경성시상민일동공약서〉에 따라 일제히 철시했다. 그리고 철시와 때를 같이하여 노동자들이 동맹파업에 들어갔다. 용산인쇄국, 경성지방철도국, 동아연초회사, 경성전기회사 등의 노동자들이 동참했다. 10일 아침에는 전차 승무원들이 동조파업에 들어가면서 전차 운행이 중단되었다. 조선총독부는 시위보다 20여 일 동안 지속된 철시에 더 곤혹스러워했다. 4월이 되자 경찰은 상점 주인들에게 문을 열라고 강요하기 시작했다. 하지만 사흘이 지난 4월 3일 무렵에도 대다수 상점들이 여전히 문을 열지 않았다고 한다. 만세시위와 마찬가지로 철시도 전국적으로 번지는 양상을 보였다.

3월 30일에는 인천에서 '만세를 부르고 철시하라'는 내용의 격문이 배포되고 상인들이 철시에 들어가는 등 곳곳에서 철시투쟁이 이어졌다.

도시에서 가장 낯선 풍경은 시위에 참가한 여학생이 검거되고 투옥되는 상황이었다. 여성이 봉건적 인습의 굴레를 벗어나고자 근대 교육을 선택하는 경우도 드문 현실에서 여학생이 시위에 참여하고 검거되어 모진 수모를 겪는 것에 대한 분노가 컸다고 한다. 그 분노와 증오로 응집된 반일의식은 전차 발전소에 돌을 던지거나 파출소를 공격하는 것으로 표출되었다. 하지만 도시에서 폭력투쟁이 계획적으로 발생하는 경우는 드물었다. 대개는 우발적인 투쟁이었다. 앞에서 살펴본 〈경성시상민일동공약서〉는 독립선언서의 공약 3장과 마찬가지로 비폭력 평화시위를 주장하고 있었다.

이 같은 비폭력 평화시위에 조선총독부는 폭력 진압으로 대응했다. 서울의 경우 시위가 한 달 이상 지속되자 헌병, 경찰, 군인으로도 모자라 갈고리와 곤봉, 칼 등으로 무장한 일본인 날품팔이까지 시위 진압에 나섰다. 날이 저문 후에는 거리에 나가는 것 자체가 위험했다. 자칫하면 사전경고 없이 칼에 찔리고 곤봉에 맞아 죽을 수도 있었다. 그럼에도 서울의 시위는 수그러들지 않았다.

시위가 농촌으로 번지다

농촌 시위에서는 전통적인 요소와 근대적 요소가 혼재된 풍경이 연출되었다. 시위는 주로 사람들이 많이 모이는 장날에 장터를 중심으로 일어났다. 지역마다 장날은 정해져 있으므로 그날이 오면 장터에 모인 장꾼들은 은근히 누군가의 만세 선창을 기다렸고, 헌병과 경찰은 경계하며 순시하곤 했다. 마침내 시위 주동자가 번화한 장소에서 미리 조직한 군중과 함께 예정된 시간에 연설을 하거나 독립선언서를 낭독한 뒤 몰려든 시위군중과 함께 독립만세를 부른다. 그리고 태극기와 독립만세기를 높이 치켜든 채 시위행진에 들어간다. 농민들은 농악대를 울리거나 나팔을 불어 투쟁의지를 고취시킨다.

분위기가 무르익으면 면사무소나 헌병대, 경찰서로 몰려가 '왜놈은 물러가라'는 구호를 외치며 시위를 감행한다. 그러면 헌병과 경찰이 나타나 총칼로 위협하며 시위대를 강제해산시키고 주동자를 체포한다. 이에 격분한 농민은 돌멩이, 몽둥이, 죽창, 가래, 삽, 괭이, 도끼, 낫 등으로 무장해 다시 헌병대, 경찰관서, 면사무소 등으로 몰려가 구속자 석방을 요구하고 이에 응하지 않으면 기물을 파괴하거나 폭력을 휘두른다. 결국 시위대는 헌병과 경찰의 폭력적인 진압으로 사상자가 발생하고 나서야 해산한다. 농촌의 만세시위는 대개 이런 수순을 밟으며 진행되는 경우가 많았다.

이처럼 장날이라는 시간에 장터라는 공간을 이용하고 농악대를 동원하는 것은 전통적인 투쟁 방식이라 할 수 있다. 전통적 투쟁 방식으로 농민항쟁 당시 자주 벌였던 횃불시위, 산상 봉화시위, 산호시위 등도 만세시위에 활용되었다. 산상 봉화시위는 특히 지역 간의 연대투쟁에 유용했다. 경기도 수원에서는 4월 1일 밤 7시 장안면 수촌리 개죽산의 봉화를 신호로 우정면의 조암리 쌍봉산, 이화리 보금산, 화산리 봉화산, 운평리 성신재, 매향리 망원대, 팔탄면의 고주리 천덕산, 향남면의 가재리 당재봉, 장안면의 석포리 무봉산, 어은리 남산 등에서 일제히 봉화가 올랐다. 강원도 원주에서는 4월 8일부터 며칠 동안 매일 지정면, 건등면, 부론면 일대의 산봉우리에서 봉화 만세시위가 끊이질 않았다. 충청남도 연기와 논산에서는 각각 3월 23일과 4월 1일에 충청북도 청주, 전라북도 익산과 연결하여 도의 경계를 넘는 산상 봉화 연대시위를 벌였다. 충청도 지방에서는 3월 말부터 4월 초까지가 횃불만세운동의 절정기였다. 충청남도의 경우 4월 4일에는 무려 60여 곳에서 횃불만세시위가 일어났다. 경찰은 산상 봉화시위에 대해 이렇게 적었다.

밤에 산에 올라가 봉화를 올리고 오직 만세만을 부르는 운동자가 있었다. 이 운동자는 성격이 온화하여 목이 쉬도록 만세를 고창 절규하다가 피로해지면 스스로 해산한다. 그 인원도 노인·어린이 등이 뒤섞여 있어 한 동네 집집마다 1인 또는 2인 정도가 의무적으로 나가는 듯하다.[5]

산상 봉화시위나 횃불시위와 달리 태극기가 등장하고 주동자를 따라 만세를 부르며 행진하는 방식은 농촌에서는 낯선 풍경이었다. 만세시위를 통해 도시가 만들어낸 집회와 행진의 시위문화가 무리 없이 농촌 지역에 확산되었던 것이다.

농촌에서의 시위가 점차 폭력투쟁화되는 과정은 곧 무자비한 폭력 진압에 대한 저항이었다. 경기도 수원 향남면 제암리의 경우처럼 1개 분대의 군인들이 마을에 들어가 가옥을 불태우고 주민을 집단학살했다는 소문은 그 자체가 시위를 선동하는 강렬한 자극제였다. 이런 소식을 전하는 역할은 주로 장터를 떠돌아다니며 행상하는 상인들이 맡았다. 그들은 각지의 장날 시위에 적극 동참하면서 생생하고 또한 비통한 경험을 다른 지역 장터에 전파했다.

농촌 시위에 대한 무자비한 탄압은 도시에 비해 소규모인 무장력으로 다수 군중을 진압해야 하는 중압감에서 비롯된 경우가 많았다. 단일 시위에서 1만 명이라는 많은 군중을 동원한 3월 18일 경기도 강화군의 시위에서는 군중의 기세에 눌린 군수가 억지로 독립만세를 불렀고, 경찰은 진압은 꿈도 꾸지 못한 채 주동자 3명을 풀어주기까지 했다. 인천에서 경찰 10명과 서울에서 군인 40명을 증원받은 후에야 시위 참가자 검거에 나설 수 있었다.

농촌의 시위는 도시처럼 매일 지속되기가 쉽지 않았다. 하지만 소규모 지역 단위의 고립 분산성을 극복하고 생활권 중심으로 연대투쟁을 모색하는 적극성을 보인 지역도 있었다. 앞서 살펴본 모락장 시위가 대표적인 사례다. 평안남도 대동군 금제면 원장리와 강서군 반석면 상사리는 각각 대동군과 강서군으로 나뉘어 있지만, 5일장인 모락장이 들어서는 장날에 왕래가 잦았고 두 곳 다 장로교과 소속 교회들이 들어서 있었다. 동일 생활권인 두 지역의 사람들이 함께 3월 4일에 만세시위를 벌였다. 리 단위 연대, 면 단위 연대, 나아가 군 단위 연대투쟁을 전개한 지역도 있었다. 경상남도 함안의 경우, 3월 19일 함안면 만세시위에는 여항면, 대산면, 가야면, 산인면, 군북면의 주민들이 연대했다. 다음 날인 3월 20일 군북면 만세시위에는 가야면, 대산면의 주민들이 동참했다.

도시가 촉발하여 들불처럼 농촌까지 번진 만세시위의 양상은 도시와 농촌의 경관 차이만큼이나 달랐다. 우리 기억에 주로 각인된 것은 농촌 시위 풍경이다. 그건 분명 사라지고 있던 경관이었다. 도시에서는 공원과 시가지를 민의가 분출하는 광장으로 만들며 만세시위를 벌였다. 농촌에서는 도시로부터 독립선언서와 시위 방식을 전수받아 장날을 기해 장터에서 만세시위를 전개했다.

만세시위는 1919년 3월 1일, 7개 도시에서 일어났다. 보름 동안에는 북부지방을 중심으로 확산되었고, 3월 중순을 넘어서면서 중부와 남부지방으로 번져갔다. 매일 전국 곳곳에서 만세시위가 일어났던 절정기는 3월 말부터 4월 초까지였다. 첫날 만세시위를 벌인 서울, 평양, 진남포, 안주, 의주, 선천, 원산은 모두 철도역이 있는 도시들이었다. 대중의 저항시위가 도시에서 일어나 농촌으로 퍼지는 광경은 3·1운동에서 처음 등장했다.

2장

사람

스스로 나서 함께 싸우다

1700만 명. 2016년 가을에 시작되어 한겨울을 거쳐 2017년 초봄까지 이어진 촛불시민혁명에 참여한 연 인원수다. 수많은 사람들이 2017년의 시작을 알리는 제야의 종소리를 추운 거리에서 촛불과 함께 맞았다. 압도적 숫자보다 놀라운 것은 성별과 세대, 계급과 계층을 넘어 너 나 할 것 없이 촛불을 들었다는 사실이다. 수많은 촛불로 가득한 광장을 자발적으로 찾아온 시민들은 생전 처음 보는 주변 사람들과 연대감을 느끼며 양보하고 배려했다. 내 주변에 온통 나처럼 더 나은 세상을 꿈꾸는 사람들로 가득하면 행복할 수 있음을 경험했다. 100년 전, 3·1운동에서도 사람들은 똑같은 경험을 했다. 식민지민으로서 수백만의 사람들이 서로 더불어 독립만세를 불렀다. 그야말로 같은 민족이라는 정체성이 빛을 발했다. 누구나 조직하고 누구나 참여하는 자발성이 3·1운동의 전국화와 일상화를 가능하게 만들었다.

3·1운동으로 민족만 부상한 게 아니었다. 새로운 근대 주체들이 등장했다. 종교계는 3·1운동의 모의와 발발의 주역이었다. 천도교는 교단 차원에서 3·1운동에 헌신하면서 민족운동 진영 안에 주류로 자리를 잡았다. 3·1운동에서 역사상 처음 운동세력으로 등장한 학생은 만세시위의 확산에 결정적 역할을 했다. 만세시위에 앞장선 여학생의 모습은 시대 변화를 더욱 실감하게 했다. 노동자와 농민은 만세시위에 참여하며 운동주체로서의 위상을 자각할 수 있었다.

천도교, 주류로 부상하다

3·1운동은 천도교, 기독교, 불교 등 종교 세력이 촉발했다. 그중에서도 천도교의 역할은 절대적이었다. 종교 간 연대로 민족대표를 구성하고 운동자금을 제공했으며, 〈기미독립선언서〉(이하 독립선언서)를 인쇄하고 전국에 배포했다. 천도교 중앙 지도자들의 헌신에 지방에 사는 천도교인들은 만세시위로 화답했다. 덕분에 천도교는 한국인 사회의 주류로 부상했다. 천도교는 동학의 3대 교주로서 동학농민전쟁을 이끌었던 손병희가 1905년에 창건한 신종교였다.

1910년에 대한제국이 망하고 일본이라는 외세의 지배를 받게 되면서 엄혹한 시절이 찾아왔다. 조선총독부는 모든 정치·사회단체를 해산시켰다. 이 무단통치 시대에 그나마 종교단체만은 명맥을 유지할 수 있었다. 숨 쉴 곳을 찾던 사람들이 종교에 몰려들었다. 그 덕에 천도교는 단숨에 100만 교인을 자랑하는 최대 종교로 부상했다.

천도교는 조직적으로 3·1운동에 참여했다. 당시 독립선언서에 서명한 33명의 민족대표 중 천도교 지도자는 모두 15명이었다. 이들은 천도교를 이끄는 핵심간부들이었다. 손병희는 천도교 기관의 총대표로, 권병덕은 천도교중앙총부 대표로, 최린은 천도교계 학교인 보성고등보통학교 대표로, 이

종일은 천도교월보사 대표로 참여했다. 그리고 장로 이종훈과 홍병기, 도사 권동진, 오세창, 양한묵, 임예환, 홍기조, 나용환, 나인협, 김완규, 박준승 등이 서명에 참여했다. 손병희는 간부들이 체포될 경우 천도교 자체가 와해될 것을 우려해 도사 오영창, 대도주 박인호, 둘째 사위이자 대종사장인 정광조 등을 서명에서 제외시켜 천도교 보전의 책임을 맡겼다. 독립선언서에 서명한 15명의 천도교 지도자는 동학농민전쟁과 동학 주도의 정치개혁운동인 1904년의 갑진개화운동에 참여했거나, 대한제국기에 정당을 자처하며 활동했던 대한협회 혹은 일본 유학생 단체의 간부로 활약한 정치 경력을 가진 인물들이었다.

3·1운동의 주모자인 손병희, 오세창, 권동진, 최린 등의 천도교 지도부는 독립선언을 통해 무엇을 얻고자 했던 것일까. 3·1운동 모의과정에서 천도교, 기독교, 불교의 연대를 이뤄낸 주역인 최린은 재판과정에서 그 동기와 목적에 관해 다음과 같이 토로했다.

나는 조선이 병합될 당시에 러일전쟁의 당연한 결과로서 부득이한 일이라고 생각했다. 그것은 당시 조선 정치는 대단한 악정이어서 도저히 조선의 안정과 행복을 유지할 수 없는 상태였으므로 병합에는 불찬성이었지만 하는 수 없는 걸로 생각하고 있었는데 병합 후 10년간의 정책을 보면 일본 정치가는 선정을 표방하면서 동화주의를 부르짖고 있으나 실제는 이와 틀린다. 그 예로서 경제상으로는 일본에 이롭고 조선에 해로운 주의요 정치상으로 보면 일본을 귀히여기고 조선을 천대하는 주의이고 나라를 팔고 부를 취한 자에게는 조선 귀족이라는 특별한 대우를 주는 동시에 인간으로서 그들만큼 비열한 자가 없음에도 불구하고 이들을 조선 인민의 모범으로 내세움으로써 선량한 인민의 감정을 해치고 있는 것이다. 그리고 지방 인민에게 압제를 가하여 일본의 순사나 헌병을 범보다도 무서운 것으로 생각하게 함으로써 동화보다도 위협으로 조선을 다스리자는 목적이므로 나는 이때 조선을 일본으로부터 분리하여 조선인에게 독립을 주어 동양평화를 실현코자 하는 것이다. 그것은 첫째 조선민족의 생존권 확장, 둘째 일본 정부의 이때까지의 조선에 대한 정책의 잘못을 뉘우쳐 깨닫게 하고, 셋째 세계평화를 부르짖는 여러 나라의 동정을 얻기 위함인바 현재의 일본 정부의 정책을 배척하기 위하여 이 운동을 일으키게 된 것이다. 그리고 나의 진정은 일본과 일본인을 배척함은 아니다. 장래 동양 전체의 행복을 유지 증진하는 데는 일본과 제휴하지 않으면 안 되겠다고 생각하고 있는 것이다.[1]

동양평화와 세계평화의 차원에서 독립을 주장한 점이 흥미롭다. 손병희, 권동진, 오세창 등이 밝힌 동기와 목적 역시 대동소이했다. 그들은 국망은 대한제국 정부의 악정에서 비롯한 당연한 결과이지만 그 이후 조선총독부가 언론·출판·집회·결사의 자유를 억압하고 친일귀족을 통치의 파트너로 대우한 것은 한국인의 정서에 배치된다는 불만을 토로하며 일본 정부의 안이한 식민정책에 대한 반성을 촉구했다. 재판 과정에서 손병희는 병합 후 한국인에게 항상 압박만 가하고 관리로 채용하지 않는 정치적 차별을 비판했다. 오세창도 정치적 불평등과 부자유를 언급하면서 '총독정치를 반대하는 것은 아니지만 한국인에게 좀 더 자유를 주고 평등한 대우를 해달라'는 희망을 피력했다. 특히 그는 교육·출판·언론·집회의 자유를 허용해줄 것을 요구했다. 권동진은 일본 통치의 문제점으로 교육제도 자체의 차별, 헌병의 탄압, 일본인의 이민으로 인한 한국인의 피해 등을 거론했다.

천도교는 독립선언서와 지하신문인 《조선독립신문》을 제작하고 배포해 시위의 전국 확산에 기여했다. 천도교월보사 사장 이종일은 1919년 2월 27일 보성사에서 2만 1천 매의 독립선언서를 인쇄한 뒤 다음 날인 2월 28일 천도교, 기독교, 불교지도자들을 통해 전국에 배포했다. 독립선언서의 지방 배포를 책임진 천도교 지도자는 이경섭(황해), 김상열(평안), 인종익(충청·전라), 안상덕(강원·함경) 등이었다. 전국적으로 배포된 독립선언서는 각 지방 천도교구에 비치된 등사기로 다시 인쇄되어 방방곡곡으로 퍼져나갔다.

3·1운동 당시 천도교 지도부는 일시에 모든 교인을 총동원하지는 않았다. 하지만 중앙총부—대교구—교구—전교실의 행정망과 천도교인 간의 긴밀한 인적 연결망인 연원을 통해 서울과 각 지방의 시위 소식이 궁벽 산촌의 천도교인에게까지 빠르게 전파되었다. 그 소식은 곧 조직적인 시위로 이어졌다.

3·1운동에서 천도교의 활약이 두드러진 지역은 천도교인 밀집 지역인 황해도, 평안남·북도, 함경남·북도 등 북부지방이었다. 북부지방은 천도교인과 기독교인이 앞장서 시위를 촉발하면서 3·1운동 초기에 선도적 역할을 수행한 곳이기도 했다. 평안북도의 경우 3~4월에 발생한 만세시위 중에 천도교와 기독교가 전혀 관련되지 않은 경우는 두 번에 불과했다고 한다. 또한 3월 1일 서울과 동시에 만세시위를 전개한 평양, 진남포, 안주, 의주, 선천, 원산 등이 모두 북부지방에 자리하고 있었다. 이 중 평안북도 선천에서 일어난 천도교와 기독교의 연대시위에 대한 천도교인의 회고담을 들어보자.

선천의 경우 3월 1일 오전 9시 천도교구에서는 한현태, 이

군오, 계연집 등이 모여 서울에서 김상열이 독립선언서를 가져왔다는 것을 알고 기다리던 중에 오후 1시에 선언서가 도착하자 곧 자전거로 시내에 배포하였는데 기독교에서는 신성학교 학생 수백 명과 여학생 30여 명이 선언서를 배포하고 태극기를 자전거 앞에 달고 시내를 돌면서 만세를 불렀다. 오후 2시 천도교인과 기독교인 수천 명과 일반시민 수천 명이 합쳐서 만세를 부르는 한편 군청 앞에서 독립연설을 하다가 해산을 당하였는데 30여 명이 검거되었다.[2]

이 회고에 따르면, 3월 1일에 선천의 천도교 지도자들은 중앙교단으로부터 독립선언서를 받아 거리에서 배포하며 기독교와 연대해 비폭력 평화시위를 벌였다. 선천 시위는 3·1운동 초기에 북부지방에서 천도교인이 주도하거나 참여한 만세시위의 전형이라 할 수 있다. 물론 3월 3일 황해도 수안군 수안면의 만세시위, 3월 12일 황해도 송화군 송화면의 만세시위처럼 천도교인들이 이끄는 시위대가 헌병분견소를 습격하면서 폭력시위를 선도한 사례도 있었다.

천도교는 3·1운동에 필요한 거액의 운동자금을 제공했다. 천도교가 3·1운동에 많은 액수의 자금을 동원할 수 있었던 것은 '교회를 보호하고 유지하는 물질적 혈맥'인 성미제 때문이었다. 1910년대의 교세 신장은 곧 성미액수의 증가로 이어졌다. 그런데 교인들이 성미라고 부르기는 하지만 쌀을 직접 내는 게 아니라 이를 당시 곡가로 환산해 돈으로 냈기 때문에 쌀값의 변동과 천도교 재정은 밀접한 상관관계를 갖고 있었다. 1918년에 일본에서 쌀폭동이 일어나면서 한국에서도 쌀값이 2~3배나 폭등했다. 이러한 쌀값 폭동으로 쌀을 돈으로 환전한 헌금을 받던 천도교의 재정이 풍족해졌다. 1918년 봄 중앙교당 신축기금 명목으로 거둔 돈만 해도 30만여 원에 달했다. 오늘날로 환산하면 150억 원 정도 된다. 천도교 중앙총부로 매달 올라오는 월 성미액은 약 5천~6천 원으로 오늘날로 환산하면 2억 5천만~3억 원 정도다. 3·1운동 당시 천도교중앙총부는 부동산으로는 가옥 40여 채, 동산으로는 현금 13만~14만 원(오늘날로 치면 약 65억~70억 원)을 가지고 있었다. 천도교의 풍부한 자금은 3·1운동을 추진하는 동력이 되었다. 손병희는 기독교계의 지도자 이승훈이 기독교 민족대표들이 체포될 경우에 대비해 가족 생계자금으로 5천 원을 요구하자 즉각 제공했다.

국내외적으로 만세시위가 확산되면서 여러 단체에서 천도교에 자금을 요청했다. 그러나 천도교단의 재산은 3·1운동 발발 직후 경찰에 의해 압류된 상태였다. 천도교 지도자들은 특별성미금을 걷어 운동자금을 조달하는 방안을 강구했다. 각지 천도교구에서는 3월과 4월에 걸쳐 특별성미금을 모금했다. 평안북도 강계군의 천도교대교구장 이정화는 1919년 3월 5일에 상경했다가 천도교주 박인호에게 급히 운동자금을 거두라는 지시를 받았다. 그는 교인들에게 모금한 돈과 중앙교당 건축비 명목으로 받아두었던 헌금을 합해 1만 7765원 60전이라는 거액을 마련했다. 이 중 1만 원을 중앙총부로 보내고 나머지는 강계의 만세시위 자금으로 사용했다. 그러나 강계 사례와 같은 천도교단 차원의 자금 모집이 경찰에 포착되면서 1919년 5월 중앙과 지방 교단의 간부 및 교인 등 총 159명이 경찰에 체포되고 말았다.

3·1운동은 두 달 넘게 전국적으로 확산되면서 명실상부한 거족적 항쟁이 되었다. 이 항쟁을 이끈 손병희 역시 민족 지도자로 추앙받게 되었다. 상당수의 천도교인은 '만세운동이 성공하면 손병희가 대통령에 취임할 것'이라는 기대감을 갖고 시위에 참가했다고 한다. 미국에서 대한인국민회가 발간하는 《신한민보》는 1919년 4월 5일자에서 손병희를 대통령으로 하는 대한공화국임시정부 각료명단을 다음과 같이 보도했다.

> 만주에 있는 각 단체 대표자들을 소집한 후에 대한공화국임시정부 내각을 조직하였습니다. 대통령 손병희, 부통령 박영효, 국무경 이승만, 내무경 안창호, 탁지경 윤현진, 법무경

남형우, 군무경 이동휘, 강화전권대사 김규식[3]

천도교 관련자들이 비밀리에 조직한 정부라는 설, 현순·이
광수 등이 상하이 임시독립사무소에서 조직한 정부라는 설,
연해주·간도에서 조직한 정부라는 설 등이 분분했던 대한공
화국임시정부에서 박영효, 이승만, 안창호, 이동휘, 김규식 등
을 내각으로 거느린 대통령에 손병희가 추대되었다는 사실
은 당시 한국인 사회에서 그의 위상이 확고했다는 것을 의미
한다.

이처럼 천도교는 3·1운동에 전교단적으로 투신한 까닭에
존폐의 위기에 처했지만, 3·1운동에서의 공헌 덕분에 정치
적 위상과 사회적 영향력은 높아졌다. 1910년대만 해도 조선
총독부는 물론 일부 지식인들이 천도교는 사이비종교요 손
병희는 사이비교주라며 백안시했다. 하지만 3·1운동을 거치
면서 한국인 사회는 천도교를 민족 진영의 주류로 받아들이
게 되었다. 조선총독부는 기독교, 불교, 그리고 일본에서 들
여온 신도만을 종교로 공인하고 천도교에는 '유사종교'라는
딱지를 붙였지만, 한국인에게 3대 종교는 기독교, 불교 그리
고 천도교였다.

학생, 역사에 등장하다

선언서의 배포와 학생들의 선동에 따라 하층민은 물론 청
년 학생들도 조선은 독립될 것이라고 믿는 자가 있었고 상
류층도 한때 반신반의에 빠졌으며 특히 농촌 지역에서는
거의 대부분이 이를 믿었기 때문에 운동이 확대되었다.[4]

조선총독부가 진단한 3·1운동의 확산 원인은 학생의 선동
이었다. 서울로 유학을 오거나 지방 도시에서 학교를 다니는
학생들은 각종 선언서, 유인물, 그리고 시위 경험을 전국적으
로 전파하는 데 기여했다. 학생들이 거리 시위에 나선 이유를
들어보자.

조선 사람들에게는 자유가 없다. 또 일본 사람과 조선 사람
의 대우에 차이가 있다. 또 일본 사람과 조선 사람이 받고
있는 교육의 정도에도 차별이 있다. 이와 같은 것을 항상 불
만스럽게 생각하고 있었으므로 독립을 하면 그런 불만이
없어질 것이므로 독립을 희망하는 것이다.[5]

학생운동은 민족 차별에 분노한 학생이 거리로 나선 3·1
운동에서 처음 등장했다. 3·1운동의 모의단계부터 학생들의

활약은 대단했다. 1919년 2월 8일 도쿄에서 유학생들이 발표한 〈2·8독립선언서〉가 3·1운동을 촉발하는 자극제가 되었다는 사실은 잘 알려져 있다. 도쿄 유학생들은 자신들만의 독립선언을 모의하지 않았다. 독립선언을 준비하면서 와세다 대학 학생인 송계백을 국내로 밀파했다.

송계백은 1919년 1월 하순경에 서울에 도착했다. 보성중학교 출신인 그는 보성고등보통학교 교장인 최린, 보성중학교 선배이자 중앙학교 교사인 현상윤, 중앙학교 교장인 송진우, 그리고 최남선을 만나 〈2·8독립선언서〉 초안을 보여주었다. 최린은 다시 손병희에게 초안을 보여주었다. 손병희는 "젊은 학생들이 이같이 의거를 감행하려는 이때에 우리 선배들로서 좌시할 수 없다"[6]며 독립운동 준비에 열의를 보였다고 한다.

서울 시내 전문학교 학생들은 1919년 1월 말부터 독립운동을 모의했다. 1월 26일경 연희전문학교의 김원벽, 보성법률상업학교의 강기덕, 경성의학전문학교의 한위건 등이 보성법률상업학교 졸업생인 주익, 기독교청년회 간사 박희도 등과 함께 모임을 갖고 독립운동 문제를 논의했다.

2월에 들어서는 주익이 독립선언서를 기초하고 전문학교 학생들을 동원하여 시위를 벌인다는 계획을 수립했다. 2월 20일에는 전문학교별 대표를 뽑고 대표자들이 체포된 후 시위를 이끌어갈 책임자도 정해두었다. 2월 22일 박희도는 전문학교 대표들에게 종교계가 독립시위를 벌일 예정이라며 연대를 제안했다. 2월 24일에는 3월 1일 오후 2시에 탑골공원에서 종교계 주도의 독립선언식이 열린다는 소식을 전했다. 전문학교 대표들은 다음 날부터 이틀간 회의를 열고 3월 1일에 중등학교 학생들을 동원해 탑골공원에서 독립시위를 벌이되, 3월 5일에는 학생들만의 독자적 시위를 벌인다는 방침을 수립했다. 급한 건 중등학교 학생 동원이었다. 전문학교 대표들은 곧바로 경성고등보통학교, 보성고등보통학교, 경신학교, 중앙학교, 선린상업학교 등의 학생들을 만나 독립시위를 모의했다.

2월 28일 독립선언서를 배포하는 과정에서 학생들은 서울 시내에 선언서를 배포하고 군중을 동원하는 일을 맡았다. 강기덕은 2월 28일 오후 4시경 정동교회에서 민족대표인 이갑성에게 선언서 약 1500매를 건네받았다. 그날 밤 중등학교 대표들이 모여 선언서를 나누었다.

3월 1일이 되자 각 학교에서는 학생 대표가 나서 '우리들의 대표가 파리강화회의에 참가하고 있으므로 우리는 우리의 의사를 세계에 알리기 위하여 오늘 독립만세를 부르지 않으면 안 된다'라는 취지의 연설을 한 후 학생들을 탑골공원으로 이끌었다. 200여 명의 학생들이 탑골공원에 모였다. 오후 2시 독립선언서를 낭독하고 만세삼창을 부른 뒤 시가행진에 나섰다.

학생 독자 시위 예정일이던 3월 5일에는 오전 9시 남대문역(지금의 서울역) 광장에 수천 명의 학생들이 집결하여 독립시위를 전개했다. 이날 시위에는 거리의 시민들은 물론 3월 3일에 거행된 고종 장례식에 참여하고 귀향길에 오르기 위해 역으로 나온 사람들이 합세했다. 시위대 규모는 순식간에 1만 명으로 늘어났다. 시위대는 태극기를 흔들면서 시가행진에 돌입했다. 강기덕과 김원벽이 인력거 위에 올라 시위대를 이끌었다. 경찰은 남대문에 방어선을 쳤으나 역부족이었다. 시위대는 방어선을 뚫고 한 무리는 남대문시장과 조선은행을 거쳐 종로 보신각으로 향했다. 다른 무리는 대한문과 무교정(무교로)을 거쳐 보신각으로 향했다. 두 시위대는 보신각 앞에서 합류했으나 경찰의 저지로 해산해야 했다. 그날 밤 경찰은 주동자들을 체포했다.

조선총독부는 학생 시위의 확대를 우려하며 3월 10일 서울 시내 중등학교와 전문학교에 임시휴교령을 내렸다. 그러자 학생들은 선언서를 갖고 고향으로 돌아가 독립시위를 일으켰다. 휴교조치가 오히려 3·1운동의 확산에 기여한 셈이다. 이화학당 학생이던 유관순도 3월 1일과 3월 5일 시위에 참여한 후 임시휴교령이 내려지자 독립선언서를 들고 3월

13일 귀향해 시위를 모의했고, 4월 1일 병천 아우내 장터에서 장날을 기해 만세시위를 일으켰다.

3·1운동에서 학생들은 거리 시위에만 나선 것이 아니었다. 동맹휴학, 즉 맹휴를 통한 항거도 있었다. 중등학교 이상의 학생들이 거리 시위에 나섰다면, 오늘날 초등학교에 해당하는 보통학교 학생들은 주로 등교를 거부하며 맹휴를 벌였다. 인천공립보통학교에서는 3월 6일에 학생 맹휴가 시작되어 3월 14일까지 이어졌다. 경찰이 학부모 회의를 소집해 주모자들을 처벌하겠다고 엄포를 놓았으나, 이에 항의해 3월 15일에도 4학년 대부분이 결석했다. 임시휴교령이 끝나자 학교로 돌아온 중등학교 학생들도 맹휴투쟁을 전개했다. 2학기가 시작되는 9월에도 맹휴가 이어졌다. 이제 학생들은 맹휴라는 직접행동을 통해 민족 문제는 물론 학교 문제에 대해 자신들의 의사를 표시하는 데 주저함이 없었다. 경성고등보통학교에서는 10월 22일 3학년 학생들이 수공과 농업 과목의 폐지를 요구하며 맹휴를 벌였다. 11월 3일에는 메이지 천황의 생일을 기념하는 천장절 행사에 대한 거부 표시로 곳곳에서 맹휴가 일어났다. 일본어 대신 영어를, 일본사 대신 한국사를 가르쳐달라며 맹휴가 일어나기도 했다. 거리의 3·1운동은 끝이 났지만, 학교 울타리 안에서의 3·1운동은 계속되고 있었던 것이다. 3·1운동 이래 맹휴는 학생운동이 학교

와 사회에 대한 문제제기를 하는 일반적인 운동방식으로 자리 잡아갔다.

3·1운동에서 보여준 학생들의 눈부신 활약은 근대 학교에 대한 거부감을 단박에 해소시켰다. 사람들은 학교에 가서 공부를 하면 으레 일본인이 될 줄 알았는데, 오히려 거리에서 독립을 외치는 모습에 감격했다. 그 덕분에 3·1운동 이후 보통학교 입학 수요가 급격히 늘었다. 만주에서 정의부와 고려혁명당 간부로 활약했던 정이형은 3·1운동 당시 전면에 나선 학생들을 보고 교육의 중요성을 깨달아 입학 수요가 늘었다고 회고했다.

> 3·1운동의 결과 민중의 교육운동은 더욱 활발해졌다. 삼면일교에서 이면일교로, 나아가 일면일교로까지 교육 열기가 높아진 것은 사람들이 전에는 왜놈을 보기만 하여도 외면하다가 3·1운동이 일본 유학생층에서 태동되었다는 것을 알고 왜말이라도 배워서 세상을 좀 알고 살아야겠다는 생각을 했기 때문이었다.[7]

중앙지도부의 부재에도 불구하고 3월 1일의 시위가 두 달넘게 전국적 항쟁으로 확산된 데는 조선총독부의 판단처럼 학생들이 큰 역할을 했다. 이렇게 3·1운동에서 보여준 학생들

의 정의감과 독립을 향한 열정은 6·10만세운동과 광주학생
운동으로 이어졌다. 해방 후에도 학생운동은 4·19부터 6월
항쟁까지 민주화의 도정에서 주도적인 역할을 했다.

새로운 풍경, 여학생의 만세시위

3·1운동 당시 학생 중에서도 더욱 주목받은 것은 여학생의
등장이었다. 일본에서 나오는 《오사카마이니치신문(大阪每日
新聞)》에 따르면 3월 1일 서울의 만세시위에서 무엇보다 눈에
띈 것은 여학생의 참가였다.

> 3월 1일 오후 2시경 조선 경성에 일대 소동이 야기되었다.
> 이 일은 중등학교 이상의 조선인 학생 전부가 결속하고 이
> 에 다수의 여학생도 참가하여 일대를 조직하고 고 이태왕
> 전하의 대장례가 다가온 것을 기회로 삼아 일대 시위운동
> 을 일으킨 것이다.[8]

여학생이 거리에서 시위를 벌이다 검거되고 투옥되어 재
판받는 모습은 한국인에게도 신선한 충격과 분노를 안겼다.
"경찰서에서 구치소로 이감되는 여학생들의 모습이 조선인

들의 가슴속에 증오와 분노의 격렬한 감정을 불러"일으켰다고 한다.[9] 여학생들의 활약과 고초가 사람들을 시위에 나서게 하는 촉매제 역할을 했던 것이다.

3·1운동에서 처음 등장하는 여학생은 일본 유학생인 김마리아다. 그녀는 황해도 장연 출신으로 서울에 있는 정신여학교를 졸업했다. 광주 수피아여학교와 정신여학교 교사를 역임하고 1915년에 일본으로 건너가 도쿄여자학원을 다녔다. 김마리아는 도쿄여자유학생친목회 회장으로서 〈2·8독립선언서〉를 발표할 때 참석했다. 며칠 후 체포되었다가 바로 풀려나자 2월 17일에 〈2·8독립선언서〉를 품고 귀국했다. 부산에서 대구로 다시 광주에 있는 언니의 집에 들렀다가 그곳에서 〈2·8독립선언서〉 수백 장을 인쇄했다. 2월 21일에 서울에 들어온 김마리아는 동창 이정숙 등 여성 10여 명을 만나 2·8독립선언 소식을 알렸다. 이후 고향으로 돌아가 황해도 일대를 돌며 독립운동 자금을 모금하다가 3·1운동 발발 소식을 듣고 곧바로 다음 날 상경했다. 서울에서는 이화학당 교사 박인덕, 도쿄여자전문학교 학생 황에스터, 도쿄여자미술전문학교 졸업생 나혜석 등과 여학생 만세시위를 논의했다. 하지만 3월 5일 서울에서 일어난 대규모 학생시위의 여파로 다음 날 검거에 나선 경찰에 체포되었다가 7월 24일에 출옥했다.

3·1운동 당시 김마리아의 활약도 대단했지만, 오늘날 3·1 운동의 상징적 인물로서 추앙받는 여성은 유관순이다. 그녀는 충청남도 천안에서 서울에 올라와 이화학당에서 공부한 유학생이었다. 3월 1일과 5일 서울 시위에 참여한 유관순은 임시휴교령이 내려지자 독립선언서를 들고 3월 13일에 귀향하여 만세시위를 준비했다. 4월 1일에 병천 아우내 장터에서는 3천여 명이 모여 독립만세를 외쳤다. 이날 시위에서 유관순의 어머니와 아버지가 헌병이 쏜 총에 맞아 사망했다. 유관순은 헌병에 체포되어 공주지방법원에서 징역 5년형을 선고받자 이에 불복해 경성복심법원에 항소했다. 그리고 경성복심법원에서 재판을 받아야 했으므로 서대문감옥으로 이감되었다. 경성복심법원이 징역 3년형을 선고하자 유관순은 고등법원에 상고했다. 하지만 결국 기각되어 형이 확정되었다. 1920년 3월 1일에는 옥중에서 만세운동을 벌여 심한 고문을 받았고, 병고 끝에 1920년 9월 28일에 옥사했다.

유관순은 3·1운동에서 역사의 주체로 등장한 여학생을 상징하는 인물이다. 그런데 유관순은 이제껏 만세시위에서 부모님을 잃고 난 후 애끓는 효심을 바탕으로 끝까지 저항한 독립투사로 그려졌다. 그래서 함경북도 명천 시위에서 아버지가 목숨을 잃자 만세시위에 앞장섰다가 감옥에서 18세의 나이에 옥사한 동풍신을 북한의 유관순이라고 부르기도 한다. 효라는 전통적 가치에 기반한 평가 속에 유관순이 역사 주체로서의 학생의 등장, 특히 여성+학생의 등장이라는 시대적 변화를 상징하는 인물이라는 점은 간과되고 있었던 셈이다.

1919년 3월 1일에 시작된 만세시위가 전국적으로 이어진 데에는 학생들의 활약과 함께 독립선언서의 조직적인 배포가 큰 역할을 했다. 천도교계 인쇄소인 보성사에서 인쇄한 독립선언서 2만 1천 매가 1919년 2월 28일에 전국에 배포되었다. 그날 곧바로 개성에 독립선언서를 전한 사람은 민족대표 중 한 사람인 오화영 목사였다. 그는 개성 북부교회 강조원 목사에게 독립선언서 200매를 보냈다. 그날 밤 개성 남부교회에 모인 기독교 지도자들은 독립선언서를 배포하지 않고 호수돈여학교 서기인 신공량을 통해 북부교회에 숨겼다.

하지만 호수돈여학교 부설 유치원 교사였던 권애라는 이 사실을 알고 여전도사인 어윤희와 함께 독립선언서를 건네받아 3월 1일에 개성 시내에 배포했다. 다음 날인 3월 2일 어윤희와 권애라는 호수돈여학교 기도실에서 학생들과 만세시위를 모의하고 커튼으로 태극기를 만들었다. 이튿날인 3월 3일에 호수돈여학교 학생들은 기도회를 마치고 찬송가를 부르며 거리 행진에 나섰다. 어윤희가 연설을 시작하자 여학생들은 독립선언서를 배포하고 독립만세를 외치며 개성 최초의 만세시위를 전개했다. 미리흠여학교와 송도고등보통학교 학생 200여 명은 물론 군중이 가세하면서 만세시위는 밤 12시까지 이어졌다.

호수돈여학교에서 만세시위를 준비한 학생 중 조화벽은 강원도 양양 출신이었다. 그녀는 조선총독부가 임시휴교령을 내리자 3월 말에 독립선언서를 들고 고향으로 달려가 양양감리교회 청년 지도자인 김필선에게 전달했다. 기독교 지도자들은 면사무소 등사기를 이용해 독립선언서를 인쇄했다. 그리고 4월 4일 양양 장날에 마을 간 연대시위가 일어났다. 1925년에 조화벽은 유관순의 오빠인 유우석과 결혼했다. 유관순과 조화벽은 생전에 만난 적이 없는 올케와 시누이 사이지만, 둘 다 3·1운동 당시 여학생으로서 고향에서 만세시위를 촉발하는 역할을 했다.

부산 최초의 만세시위도 일신여학교 학생들에 의해 일어났다. 부산에 독립선언서가 전달된 것은 3월 2, 3일경이었다. 서울에서 학생대표들이 내려와 부산상업학교와 동래고등보통학교 학생들에게 독립시위를 독려했다. 3월 7일에는 연희전문학교 학생이 내려와 동래고등보통학교 학생들에게 독립선언서를 전달했다. 3월 10일경에는 동래고등보통학교를 졸업하고 경성고등공업학교에 다니던 곽상훈이 독립선언서를 들고 부산에 내려와 학생들을 만났다. 이러한 부산한 움직임

속에 부산 지역 학생들은 동래 장날인 3월 13일에 만세시위
를 일으킬 것을 모의하고 준비에 들어갔다.

　일신여학교 교사 주경애는 학생들이 부산상업학교 학생들
과 연락하여 시위를 준비하도록 주선했다. 일신여학교 학생
들은 3월 10일에 기숙사에 모여 태극기 100개를 제작했다.
그러고는 3월 13일이 아닌 3월 11일 밤 9시에 고등과 학생
김응수, 송명진, 김순이, 김난줄, 박정수, 김반수, 심순의, 김봉
애, 김복선, 김신복, 이명시 등 11명과 교사 주경애, 박시연이
기숙사를 나와 좌천정(좌천동) 거리까지 태극기를 손에 들고
독립만세를 부르며 행진하는 시위를 감행했다. 여기에 군중
이 가세하면서 수백 명에 이른 시위대는 2시간 동안 만세시
위를 벌였다. 일신여학교의 만세시위는 부산 최초이기도 했
지만, 경상남도 지역 만세시위의 효시이기도 했다.

　이처럼 3·1운동에서는 학생, 특히 여학생이 역사의 주체
로서 전면에 등장했다. 신교육을 받은 여성, 즉 신여성은 3·1
운동 이후에도 활발한 현실참여로 여성운동이 사회운동과
독립운동으로 자리 잡도록 이끈 주체였다.

　전국적으로 만세시위가 한창이던 1919년 4월 11일에 상
하이에서는 대한민국임시정부가 탄생했다. 대한민국임시정
부가 선포한 〈대한민국임시헌장〉(이하 임시헌장)은 여성의 지
위와 권리에 있어 획기적인 내용을 담고 있었다. 남녀평등을

천명하고 여성에게 참정권을 부여했다.

> 제3조 대한민국 인민은 남녀 귀천 및 빈부의 계급이 없고
> 일체 평등하다.
> 제5조 대한민국 인민으로 공민 자격이 있는 자는 선거권 및
> 피선거권을 가진다.[10]

임시헌장에 이어 4월 25일에 제정된 〈대한민국임시의정원
법〉에서는 중등교육을 받은 만 23세 이상의 남녀 모두에게
피선거권을 부여했다. 3·1운동에서 여학생을 비롯한 여성들
이 보여준 활약과 함께 남녀평등에 기반해 여성의 권리를 보
장한다는 제도적 선언이 이루어지면서, 여성과 여성운동을
바라보는 사회적 인식 역시 달라졌다. 여성계몽운동이 본격
화되었고 여성해방론을 주장하는 여성운동가들이 주목을 받
았다.

만세시위에 나선 노동자와 농민

이 삼천리 강토를 일본의 통치에 맡긴다는 것은 있을 수 없
는 일이니, 부득불 우리들은 폭력을 써서라도 독립을 하지
않으면 아니 되겠으므로 이번 기회에 세계평화를 위해서

각 약소국가가 독립을 한다고 하므로 이러한 행동을 취하게 된 것이다. 수백만 대중이 모두 궐기해서 진력하므로 결국은 목적을 달성하리라 믿으며, 그러므로 절대 독립사상은 버릴 수가 없다.[11]

1919년 3월 17일 경상북도 안동군 예안면에서 비폭력 시위가 좌절되자 주재소를 파괴하고 구금자를 탈환한 폭력투쟁을 주도했던 조수인의 절규다. 이처럼 민중은 자신들이 만세를 불러야 독립할 수 있다는 생각, 그리고 자신들의 힘으로 일본인들을 내쫓아야 한다는 생각을 갖고 있었다. 3·1운동이 장기화되면서 절대독립 쟁취의식이 분명한 민중이 점차 시위의 전면에 나섰다.

우리는 하루 세 끼를 두 끼로 줄이는 한이 있더라도 하나의 독립국이 되기를 희망한다. 그리고 그것이 하나의 작은 약소국이라고 해도 개의치 않는다.[12]

무엇보다 확연한 변화는 노동자의 진출이었다. 서울에서는 3월 2일에 노동자들이 학생들과 함께 만세시위에 참여한 것을 계기로 출근을 거부하기 시작했다. 3월 9일과 10일에는 동맹파업을 벌였다. 그리고 3월 10일 이후에는 평소의 10

퍼센트에 불과한 노동자만 출근하면서 공장들이 조업 불능 상태에 빠졌다. 3월 하순에 접어들어 수많은 사람들이 검거되면서 서울의 만세시위가 주춤해지자 학생들은 노동자들과 연대했다. 3월 22일에는 300~400명의 노동자들이 노동자의 독립운동 참가를 촉구하는 노동자대회가 열렸다. 사전에 배포된 《노동회보》는 '저번 서울에서 학생이 주도하여 조선 독립운동을 개시했으나 힘이 미약하여 이 기회에 노동자 계급의 지원을 받지 않으면 당초의 목적을 달성하기 어려우니 이 《노동회보》란 인쇄물을 각 곳 노동자에게 배부하여 이들에게 독립운동을 권유하라'고 선동했다. 노동자 시위대는 '노동자대회', '조선독립만세'라고 쓴 깃발을 들고 시내를 행진했다.

3월 22일 노동자대회 이후 누군가 주동만 하면 수십 명 혹은 수백 명의 군중이 시위대를 형성할 정도로 서울의 분위기가 일변했다고 한다. 군중은 밤늦도록 헌병, 경찰과 숨바꼭질하며 시위를 전개하는 기동전을 펼쳤다. 3월 26, 27일에 남만주철도주식회사 경성관리국 노동자들이 동맹파업을 하고 곳곳에서 투석전이 벌어지면서 서울의 만세시위는 절정에 이르렀다. 노동자의 동맹파업은 서울을 비롯하여 평양, 진남포, 부산, 군산 등 공장과 노동자가 많은 도시 지역에서 발생했다.

3·1운동 전후 노동운동이 활발해졌다. 1917년까지 10건

을 넘지 못했던 파업은 1918년 50건, 1919년 84건으로 급증하는 양상을 보였다. 참여자 수도 1917년까지는 1천 명대를 넘지 못했지만, 1918년에는 6105명, 1919년에는 9011명으로 급증하는 양상을 보였다. 황해도 황주군 겸이포에 자리한 미쓰비시제철소 노동자들은 3월 3일 밤에 벌어진 만세시위에 참여했다. 그리고 이 제철소에서는 1919년 11월 13일에 한국·일본·중국 노동자가 연대해 임금 50퍼센트 인상, 8시간 노동제 실시, 상여금 인상 등을 요구하며 파업투쟁을 일으켰다.

농촌에서는 농민이 만세시위의 주요 동력이었다. 1910년대 토지조사사업과 임야조사사업과 헌병경찰을 앞세운 무단통치는 농민의 일상에 많은 변화를 가져왔다. 근대적 소유권의 확립을 지향한다지만, 토지에 대한 농민의 관습적 관념은 물론 권리조차 인정하지 않는 토지조사사업을 수용하기란 쉽지 않았다. 마을 인근의 산에서 땔감이나 비료 등을 채취하고 가축을 사육하던 일상이 산림에 들어갈 수 있는 입회권의 유무에 따라 통제되는 현실에 분노하지 않을 수 없었다. 그러므로 농민은 단순히 독립을 위한 만세시위만이 아니라 각종 우량품종·상묘(桑苗)의 수령 거부 또는 폐기, 부역 거부, 납세고지서 수령 거부 등 조선총독부의 농업정책에 대한 투쟁과 일본 상품 배척, 일본인에 대한 식량 및 연료 판매 거부 등 일상적인 경제투쟁을 동시에 전개했다. 3·1운동 당시 독립단 충북지회 명의로 발행한 전단지 《자유보》에서는 '일본 상품을 배척할 것, 한국인 관계의 사건은 소송을 하지 말 것, 각종 세금을 내지 말 것, 은행거래·우편저금·철도 및 우편에 의한 화물을 정지할 것, 전차를 타지 말고 담배를 피우지 말 것' 등 일상적인 투쟁을 제시했다.

3월 말에 이르자 농민은 전열을 가다듬어 시위의 최전선에 나섰다. 동시에 폭력투쟁의 비중도 높아졌다. 폭력투쟁은 대체로 시위 과정에서 무자비한 탄압에 따른 방어 조치였다. 하지만 처음부터 권력기관을 접수하거나 계획적이고 공세적으로 폭력을 행사하는 경우도 있었다. '만세를 부르고 관청을 타파하면 반드시 우리 조선은 독립의 운명에 도달할 것이다'라는 독립 쟁취 의식으로 돌멩이, 몽둥이, 농기구로 무장하여 시위 초기부터 권력기관과 일본 상점 등을 공격했다. 4월 1일 경기도 안성군 원곡면에서는 '원곡면과 양성면의 순사주재소, 면사무소, 우편소 등을 파괴하라, 일본인을 내쫓아라, 여러분은 돌 또는 몽둥이를 지참하여 투쟁하라'는 지도부의 지침에 따라 시위대가 양성면에 몰려가 그곳 시위대와 함께 주재소에 불을 지르고 우편소를 파괴하고 일본인 상점과 대금업자의 집을 부수었다. 그리고 다시 면사무소를 습격해 서류, 집기, 일장기를 불태웠다.

농민 투쟁이 치열한 일부 지역에서는 잠시의 자치를 누렸고, 한국인 관리들이 대거 사직하여 지방 행정이 공백 상태에 빠지는 일도 발생했다. 4월 2일 평안북도 의주군 옥상면에서는 시위대가 면사무소로 몰려가 직원에게 '우리는 이미 독립을 선언했으니, 금일 이후 면사무소는 마땅히 폐지하고 우리가 새로 조직할 자치민단에 면사무소 청사, 비품, 재산 등을 일체 넘겨라'라고 요구했다. 그리고 비품, 장부, 현금 등을 압수하고 사무소를 점거한 후 10여 일간 자치업무를 집행했다. 이처럼 격렬한 투쟁이 일어난 의주군에서는 한국인 관리들이 동맹퇴직을 결의하고, 그중 이유필, 고일청, 조봉길 등은 상하이로 망명했다. 황해도 황주군 겸이포경찰서에 근무하던 한국인 순사 17명은 총사직했다. 이러한 민중들의 폭력 투쟁에 맞서 일본인 민간인들은 총기를 휴대하고 자경단이나 자위단을 만들어 자신들을 보호하고자 했으나, 3·1운동 당시 한국인의 공격으로 사망한 일본인 민간인은 한 명도 없었다. 경찰의 유탄에 맞아 사망한 일본인 민간인이 한 명 있었을 뿐이다.

민중의 투쟁을 추동한 것은 삶을 옥죄는 권력으로부터의 해방 의지였다. 농민은 일본인 지주에 의한 토지 수탈, 조선총독부의 무단농정, 과중한 세금, 부역 징발 등으로 고통받고 있었다. 노동자는 저임금, 차별 임금, 살인적 노동조건 등에 희생당하고 있었다. 그들에게 독립은 자신들을 고통의 나락에서 건져줄 희망적 대안이었다. 평범한 사람으로서 자신들의 고통에 대한 처방으로 독립을 갈구했던 것이다. 그들의 바람은 간명했다.

조선 독립의 그날에 재산이 평등하게 배분되기 때문에 빈곤자로서는 무상의 행복이 될 것이다.

조선이 독립하면 국유지는 소작인 소유로 된다.

우리나라가 독립하지 못한다면 우리들은 물론이고, 2천만 동포들이 모두 쓰러져 구렁을 메우리라.[13]

3·1운동은 1920년대 한국인 사회를 이끌 새로운 주체를 탄생시킨 역사적 사건이었다. 주도적으로 3·1운동을 이끌었던 천도교는 문화계몽운동, 사회주의·좌파세력의 부상, 민족주의·우파세력의 타협과 비타협으로의 분화 과정에서 중요한 역할을 하며 한국인 사회의 주류로 자리 잡았다. 학생들은 3·1운동을 통해 등장해 6·10만세운동과 광주학생운동이라는 일제시기 대표적인 대중시위의 주역으로 떠올랐다. 여성들은 학교교육을 받은 신여성을 중심으로 여성운동을 사

회운동으로서 확고히 자리매김하는 데 성공했으며, 전국적인 여성운동 조직인 근우회를 탄생시켰다. 노동자들은 노동조합을 결성하고 노동쟁의를 벌였으며 전국적 차원의 조선노동총동맹을 조직했고 원산총파업을 이끌어냈다. 농민들은 각종 농민단체를 만들고 소작쟁의를 벌이며 암태도 소작쟁의를 성공적으로 이끌었고, 전국적 조직인 조선농민총동맹을 결성했다. 이처럼 3·1운동으로 떠오른 '사람'들에게 스스로 나서 함께 싸웠던 만세시위 경험은 큰 자산이었다.

누구든지 조직하고 참여한다

3·1운동은 무단통치가 자행되는 식민치하에서 일어난 항쟁이었다. 일사불란하게 투쟁을 주도할 중앙지도부가 존재하기 어려운 상황이었다. 그럼에도 만세시위가 전국화·일상화될 수 있었던 것은 누구든 시위를 조직하고 참여하고자 했던 대중적 자발성 덕분이었다. '일제치하에서는 도저히 못 살겠다'는 반일의식에서 발원한 자발성은 가히 폭발적이었다.

우선, 전국 곳곳에서 소규모 시위 주도 집단이 비밀결사의 형태로 조직되었다. 비밀결사는 혈연, 학연, 지연, 종교 등 기존의 교분을 기반으로 결성되었다. 조선독립개성회, 조선독립단 이원지단, 혈성단, 조치원청년단, 철혈청년단 등이 대표적인 비밀결사들이다.

조선독립개성회는 경기도 개성에서 서점을 운영하던 박치대가 고종 장례식을 보려고 서울에 갔다가 대한문 앞에서 만세시위를 목격한 후, 개성으로 돌아와 송도고등보통학교에 다니던 유홍준, 개성학당에 다니던 임병구 등과 협의 끝에 결성한 비밀결사였다. 조선독립개성회는 '조선민족은 최후의 1인까지 조선 독립운동을 위해 분투를 계속하라'는 내용을 담은 취지서를 작성하고 학생들을 대상으로 비밀리에 회원을 모집했다. 조선독립단 이원지단은 함경남도 이원에서 기독교인과 천도교인이 함께 조직한 비밀결사로 이원 일대에 독립선언서를 배포하고, 3월 10일에는 이원면의 만세시위를 주도했다. 경기도 부천군 용유면에서 3월 하순에 결성한 혈성단은 20대의 농촌 청년들이 참여한 비밀결사였다. 이들은 태극기와 격문을 제작하고 동지를 규합해 3월 28일에 용유면 관청리 광장에서 태극기를 들고 독립만세를 부르며 시위를 주도했다. 조치원청년단은 서울에서 3월 1일 시위를 목격한 경기도 조치원의 청년들이 결성한 비밀결사로 장날인 3월 30일에 조치원시장에서 만세시위를 주도했다. 철혈청년단은 4월에 평안남도 평양에서 청년과 학생 들이 만든 비밀결사로 국내외에서 임시정부 수립운동이 전개되자, '임시정부 선포문', '국민대회 취지서' 등의 관련 문건들을 인쇄하여 평양과 주변 농촌에 배포하는 활동을 전개했다.

결사대, 결의대, 선동대, 의용대가 새롭게 조직되기도 했다. 경상남도 창녕군 영산면에서는 3월 11일 천도교 지도자인 구중회의 주도로 24명이 결사단을 조직했다. 3월 13일 오후 2시에는 그중 1명을 제외한 23명이 모여 '정의를 위해서는 물불을 가리지 않을 것이며 대한독립을 한사코 전취할 것을 맹세'하는 〈결사단원맹서서〉에 서명했다. 그리고 거리에서 태극기를 나누어주고 독립만세를 부르며 만세시위를 단행했다.

시위가 전국화되고 '4, 5세의 어린이까지도 태극기를 들고 만세를 부를' 정도로 일상화되면서 만세꾼이라는 무리가 등장하기도 했다. 도시락을 싸들고 원거리 시위에 참가하는 전문 시위꾼이 생겨난 것이다. 수십 명씩 떼 지어 다니며 시위를 유도하거나 지역 간의 연대를 꾀하는 바람몰이꾼도 있었다. 경상북도 의성군 안평면 대사리 주민 20여 명은 3월 15일 자신들이 사는 마을에서 벌인 만세시위를 시작으로 3월 19일까지 매일 기도리, 창길리, 하령리 등 인근 마을을 돌아다니며 만세행진을 벌였다.

3·1운동의 전국화·일상화는 무엇보다 농촌에서 다양한 계층이 참여했기에 가능한 것이었다. 시위에 참가하는 대

중의 폭은 범계급적·범민족적이라 할 만큼 광범위했다. 먼저, 일본군·조선정부군과 함께 민군을 조직하여 동학농민군을 진압했던 양반계급 출신의 유림이 3·1운동에서는 농민과 함께 만세시위를 전개했다. 3월 3일에 서울에서 열리는 고종 장례식에 참가하기 위해 상경하거나 각지에서 고종의 죽음을 추모하는 봉도식을 거행했던 유림 중 일부가 서울 시위 소식을 전하면서 만세시위를 촉발했다. 유림은 지역 유지로서 대중에 대한 영향력이 상당했으므로 그들이 앞장선 시위는 대개 치열했다. 경상북도 안동군 안동면에서는 기독교인과 유림이 연대해 3월 18일과 23일에 만세시위를 벌였는데, 3천여 명의 시위대가 경찰서와 대구지방법원 안동지청에 돌을 던지고 불을 지르는 등 그 양상이 매우 공세적이었다.

유림이 조직한 시위에 동족 부락의 일족이 대거 참여하는 경우도 있었다. 경상남도 합천군은 종족마을이 117개에 달할 정도로 많은 곳으로 대성(大姓) 종중이 움직이면 전 주민을 동원할 수 있는 여건을 갖추고 있었다. 3·1운동에는 백산면의 인천 이씨, 상백면의 초계 정씨, 가회면의 파평 윤씨, 대병면의 안동 권씨와 은진 송씨, 대양면의 청송 심씨 등이 종중 단위로 만세시위에 참여했다. 3월 18일과 23일에 합천군 삼가면에서 일어난 만세시위는 인근 가회면, 상백면, 백산면 등의 유림들이 연대하여 주민들을 동원함으로써 대규모 시위로 발전했다. 1만여 명이 넘는 군중이 모여 면사무소에 불을 지르고 경찰주재소, 우편소를 파괴하거나 공문서를 파기하고 전선을 절단하는 등의 공세적 시위를 전개했다.

관리들 중에도 시위를 주도하고 동참하는 이들이 나타났다. 이장이나 구장은 향촌 사회에서 말단 실무를 처리하며 마을 여론을 조정하는 역할을 한다. 일정한 지식과 소양을 갖춘 이장과 구장 들은 만세시위에서 마을 사람들을 동원하거나 사전 연락을 취하는 데 중요한 역할을 했다. 그들은 각지의 시위운동 소식을 전해 듣고 마을의 유지나 청년과 협의한 뒤 시위 계획을 주민들에게 알리거나 격문을 붙였다. 나아가 마을 주민들을 규합해 면사무소 앞에서 시위하기도 하고 산에 올라가 봉화를 올려 마을 단위의 시위를 촉발하기도 했다. 폭력시위를 주동한 구장들도 있었다. 4월 2일 밤 봉화시위로 시작해 끝내 화수리 주재소를 전소시켜버린 사건으로 유명한 경기도 수원군 장안면과 우정면의 만세시위에서 구장들은 면사무소 파괴와 주재소 공격이라는 공세적 시위를 계획했으며 군중에게 아예 몽둥이 하나씩을 들고 나오도록 지시했다.

면장들도 만세시위를 주동했다. 경상남도 하동군 적량면 면장 박치화는 3월 14일 사표를 제출하고 4월 18일 하동면 장날에 장터에서 만세시위를 주도했다. 평안남도 대동군 고

평면 면장 조익준은 3월 3일 평양에서 만세시위가 일어났다는 소식을 듣고는 주민들을 모아 면사무소 근처에 있는 합병기념비를 쓰러뜨린 후 시위대를 이끌고 평양 시내로 행진했다. 황해도 연백군 해성면 면장은 면서기, 구장들과 함께 주민들을 이끌고 3월 18일 연안면 장날에 열리는 만세시위에 참여했다. 경상남도 통영군 통영면에서는 3월 22일 면서기 3명, 군청직원 3명, 산림기수 1명 등이 학생들과 함께 시위를 모의하다 발각되었다. 경기도 안성군 원곡면의 면장처럼 기회주의적 태도를 보인 사례도 있다. 면장 남길우는 4월 1일에 원곡면에서 일어난 만세시위에서 시위대의 요구에 따라 독립만세를 부르고 시위대와 함께 양성면으로 향했다. 하지만 경찰이 시위 참가자를 검거하기 시작하자 돌변해 경찰에 적극 협력하는 태도를 보였다.

유생이나 관리 등 구세력과 친일세력으로 지목받는 관리들까지 항쟁에 가세하는 열광적 분위기는 청소년에게 상당한 영향을 미쳤다. 보통학교 학생들도 시위에 참가했다. 3월 10일 파주보통학교 학생들이 경기도 파주 최초의 시위를 일으켰다. 같은 날 충청남도 당진군 면천보통학교 학생들도 태극기를 앞세우고 행진하며 만세시위를 벌였다. 경기도 안성군에서 최초로 만세시위가 일어난 3월 11일에 양성공립보통학교 학생들도 운동장에서 독립만세를 외쳤다. 황해도 재령군 재령면에 있는 재령공립보통학교 학생들은 〈대한독립가〉라는 노래를 짓고 그 취지를 담은 글을 인쇄한 후 거기에 태극기를 한 장씩 첨부해놓았다가 4월 2일에 집집마다 배포하고는 재령면에 있는 곡물시장에서 태극기를 흔들며 만세시위를 전개했다. 황해도 해주군 해주면의 남문 밖에서는 3월 31일 100여 명의 어린이들이 만세시위를 벌였는데, 경찰이 출동해 10세도 안 된 어린이 20여 명을 붙잡아 공분을 샀다. 그만큼 조선총독부의 우려는 컸다. "보통학교 학생들이 독립운동에 가담하거나 또는 목격함으로써 일찍이 꿈에도 생각하지 못했던 '독립운동이 있었다'고 하는 의식을 심어주게 되어 장래 교육상 큰 화근을 남겼다"는 것이다.[14]

근대 교육의 혜택을 입은 청소년만 시위에 참여한 것이 아니었다. 농촌에서 서당은 시위를 모의하는 장소였다. 평안북도 정주군 고덕면 월훈동 전주 이씨촌에서는 3월 초순에 서당 훈장 임지가 훈도는 물론 학부모와 마을 사람들을 설득해 만세시위를 벌였다.

이처럼 중앙지도부가 부재한 상황에서 반일의식을 가진 사람이라면 전국 어디에서든 신구 세대나 세력의 구분 없이 시위를 주도하고 동참하는 데 주저하지 않았다. 누구든 조직하고 참여하는 대중적 자발성, 그것이 3·1운동의 전국화·일상화를 가능케 한 힘이었다.

3·1운동에 함께한 경험은 두 달 넘게 이어진 만세시위로만 끝나지 않았다. 1987년 6월 항쟁 이후 노동자대투쟁이 이어졌듯이, 2017년 촛불시민혁명 이후 미투(me too)운동이 일어났듯이, 3·1운동 이후에는 사회운동이 활발히 일어났다. 시위대의 일원이던 학생, 청년, 여성, 노동자, 농민이 학생운동, 청년운동, 여성운동, 노동운동, 농민운동의 주체로 거듭난 것이다.

3장

문화

저항문화의 기원을 이루다

평화시위라는 말이 더 이상 낯설지 않다. 촛불시민혁명은 전 세계를 놀라게 한 비폭력 평화시위였다. 많게는 하루에 200만 명이 거리로 쏟아져 나온 반정부운동이었지만, 폭력은 없었다. 토요일마다 전국 곳곳에서 열린 집회에 모여든 사람들의 손에는 거리에서 받은 유인물이 쥐어져 있었다. 연설과 공연으로 어우러진 집회가 끝나도 사람들은 흩어지지 않았다. 촛불을 들고 구호를 외치며 거리행진을 벌였다. 100년 전 3·1운동 당시 만세시위라고 다르지 않았다. 만세시위 주동자들은 사람들에게 태극기와 독립선언서를 나누어주었다. 시위대는 독립선언서를 낭독하고 연설을 듣고 독립만세를 외치는 순서가 끝나면 대형 깃발을 앞세우고 태극기를 흔들며 거리행진에 나섰다.

3·1운동 이래 저항 시위는 독립운동과 민주화운동으로 이어졌다. 하지만 저항 시위에서 특정한 지도자나 단체가 부각되는 경우는 거의 없었다. 3·1운동에서 강자인 제국주의에 맞서는 약자에게 연대는 절박한 문제였다. 그렇게 종교 연대, 종교와 학생 연대가 빛을 발한 3·1운동의 연대문화가 오늘날까지 이어지고 있다. 독립운동과 민주화운동 재판에서 벌어진 법정투쟁도 운동가와 변호사가 함께 싸우는 일종의 연대투쟁이었다. 이 저항문화의 기원에 3·1운동이 자리하고 있다.

3·1운동의 발명품, 만세시위

만세시위는 3·1운동의 발명품이었다. 1919년 3월 1일 7개 도시에서 열린 만세시위의 방식은 똑같았다. 〈기미독립선언서〉(이하 독립선언서)를 낭독하고 독립만세를 부른 다음 태극기를 흔들며 행진하는 방식이 첫날부터 동일했던 것이다. 다만 서울의 경우 첫날 태극기가 등장했다는 기록은 없다. 만세는 메이지시기 일본에서 발명된 군중 환호였다. 대한제국 정부에 들어와서는 '대한제국 만세', '대황제폐하 만세', '황태자전하 천세' 등의 용례로 사용했다. 그것이 3·1운동에 이르러 '대한독립만세' 혹은 '조선독립만세'를 부르는 방식으로 재탄생한 것이다. 여기서 만세는 자유를 뜻했다. 즉 "우리가 더는 일본의 노예가 아니라는 것을 의미"[1]했다.

첫날부터 왜 만세시위의 방식이 동일했는지를 분명히 알려주는 사료는 아직 없다. 다만 천도교와 기독교가 연대하면서 지방에 서울의 독립선언 일시와 함께 독립선언서의 배포 방식 등을 알려주어 그대로 따라 하도록 요청하기로 했다는 기록을 볼 때, 독립선언서가 모든 곳에 배포된 것과 마찬가지로 만세시위 방식도 서울로부터 전달되었을 가능성을 배제할 수 없다. 경찰과 검사는 서울에서 선언서를 낭독하고 이어서 만세를 부르면서 다수가 행렬을 지어 시내를 행진한 방식이 다른 지역에서도 그대로 재연된 것에 대해 시위 주도자들에게 사전에 서울에서 모종의 지시가 있었던 것이 아닌가를 집요하게 물었다. 아마도 그것은 사전에 전국적으로 시위를 지시한 것으로 몰아 민족대표를 비롯한 3·1운동 주도세력에 내란죄를 적용하기 위함이었을 가능성이 높다.

첫날 7개 도시에서 일어난 만세시위의 방식은 곧바로 다음 날부터 확산되어 3·1운동을 상징하는 시위 방식으로 자리 잡았다. 만세시위의 전국화는 3·1운동이 비폭력 평화시위에 기반한 독립운동임을 상징한다. 처음부터 폭력시위를 준비하는 경우는 드물었다. 폭력투쟁이라 해도 만세행진을 벌이다 헌병, 경찰, 군인의 발포 등에 항의하면서 폭력화하는 경우가 대부분이었다.

이러한 비폭력 평화시위에 대해 일본인들은 "소요의 방법이 매우 교활하다"라고 평했다.[2] 폭력시위를 하면 바로 체포할 수 있는데 일부러 평화적인 방법을 취해 함부로 체포하지 못하게 하고 있다는 것이다.

경성 그 외의 대도회에서 그들의 운동이 종래의 폭동적인 모습이나 색채와는 다르게 무엇보다 끈기 있고 또한 비교적 질서를 갖춰 이루어져 그들 배후에 용의주도한 어떤 세력이 잠재되어 있음은 누구라도 느끼는 일이다. 특히 3월 1

일 경성의 경우는 1만여 명의 학생이 중견이 되어 독립만세를 외치고 시위운동을 했는데 돌 하나 던지는 자가 없어 우리 경비대도 이에 대해 아무런 대응도 할 수 없던 상태였다. (……) 만약 그들이 폭동적인 행위를 보였다면 우리 관헌의 손으로 그들을 모조리 체포할 수 있는 많은 수단과 방법이 있었지만 앞서 말한 것처럼 여학생을 선도로 하여 단지 만세를 연호하며 행진했기 때문에 이에 대해 고압수단을 취하면 오히려 위험해질 것을 우려하여 자제한 것이다.[3]

반면 중국의 시사평론지인 《매주평론(每週評論)》은 1919년 3월 23일자에서 비폭력 만세시위를 높이 평가했다.

학생·서민의 신분으로 대열을 지어 행진했고 비밀행동을 하지 않았다. 연설을 하면서 독립의 주의를 전파했으며 무기를 사용하지 않았다. 일본 군인·경찰이 타살하여도 행진 대오의 군중들은 의연히 질서 있게 기율을 지켰다.[4]

이처럼 여성과 어린이가 함께할 수 있는 비폭력 직접행동으로서의 만세시위, 그것은 3·1운동이 시작된 첫날부터 등장해 시위의 전국화·일상화에 큰 영향을 미쳤다.

지하신문, 3·1운동을 북돋우다

1919년 3월 1일, 서울 시내에는 《조선독립신문》이 뿌려졌다. 조선총독부의 눈으로 볼 때는 불온문서이자 불법신문이었다. 하지만 한국인에게는 만세시위 소식을 방방곡곡에 알려주는 배달부였다.

일본은 통감부시기부터 언론탄압 정책을 펼쳤다. 통감부는 일본의 신문지법과 출판법을 모체로 1907년에 신문지법을, 1909년에 출판법을 제정했다. 1910년 조선총독부는 통감부에 가장 저항적이던 《대한매일신보》를 매수하여 조선총독부 기관지인 《매일신보》로 바꿔버렸다. 그리고 신문지법을 근거로 신문발행 허가권을 쥐고는 한국어로 발행되는 민간 신문을 아예 불허했다. 한국어로 발행되는 신문은 단 하나, 일본의 동화정책을 찬양하는 《매일신보》뿐이었다.

언론의 자유가 없던 그 시절, 3·1운동이 일어났다. 독립시위를 준비한 종교계와 학생들은 전단을 만들고 지하신문을 제작했다. 3·1운동의 발발과 함께 제일 먼저 등장한 지하신문인 《조선독립신문》은 천도교월보사 사장 이종일이 제안해 보성법률상업학교 교장이자 천도교 인쇄소인 보성사의 사장이던 윤익선의 명의로 1919년 3월 1일 자가 발간되었다. 천도교월보사 간부 이종린이 원고를 작성했고 보성사에서 1만

매를 인쇄했다. 《조선독립신문》은 관계자들이 연이어 체포되자 릴레이식으로 발행인을 바꾸면서 4월 말까지 지속적으로 발간되었다. 천도교에서 직접 발행한 《조선독립신문》 1호부터 4호까지는 3·1운동의 주모자로서 독립시위에 대한 구상과 진행 상황을 전달하는 데 크게 기여했다. 특히 2호에서는 '가까운 시일에 가(假)정부를 조직하고 가대통령 선거를 할 것이다'라고 하여 임시정부의 수립을 알리기도 했다. 이후 5호부터 27호까지 릴레이로 발행된 《조선독립신문》은 서울을 비롯한 전국 각지의 독립시위 소식과 함께 국외 독립운동 소식도 전했다. 그 소식이 모두 정확한 것은 아니었고, 과장과 오보도 있었지만, 전국적으로 시위가 계속되고 있다는 사실을 알림으로써 독립시위가 확산되는 데 큰 역할을 했다.

3·1운동 초기에 발행된 《조선독립신문》의 영향으로 전국에서는 이를 본뜬 지하신문인 《국민회보》, 《전민보》, 《충북자유보》, 《대동보》, 《자유민보》, 《반도의 목탁》, 《국민신보》, 《각성회회보》, 《독립신문》 등이 발간되었다. 이 중 《각성회회보》는 3월 8일 이후 등장한 지하신문으로 경성공업전문학교 2년생인 양재순과 김호준이 1호부터 4호까지 제작했다. 각 호는 등사기를 사용해 약 80부씩 인쇄했고, 당일로 서울 시내에 배포되었다. 이 지하신문은 '독립은 누구도 방해할 수 없는 일로서 모든 동포는 이에 적극 참여하자'는 내용을 담고

있었다.

《반도의 목탁》은 배재고등보통학교 학생 장용하, 이봉순, 염형우, 중앙학교 학생 서정기 등이 4월 1일부터 한 달 동안 제작하고 배포한 지하신문이었다. 1호부터 3호, 그리고 특별호까지 네 번 발행했고, 적게는 70부 많게는 300부까지 인쇄했다. 《반도의 목탁》2호는 독립선언서 말미에 기재된 '공약 3장'을 준수할 것을 호소했다.

《자유민보》는 백광필과 중앙학교 학생 최석인, 유연화 등이 제작했다. 이들은 4월에 1호부터 5호까지 매호 1천 부를 발간하여 '민족자결주의에 따라 조선은 독립하지 않으면 안 된다'라는 취지의 논설과 기사를 실었다. 그런데 1919년 4월 11일 서울 삼청동에서 발견된 지하신문 이름도 《자유민보》였다. 또 다른 지하신문으로 발행 주체가 알려지지 않은 《자유신보》가 있었던 것이다. 여기에는 〈일본의 운명은 여하〉라는 사설과 함께 파리강화회의에서의 한인 대표단의 활동, 필리핀의 독립운동, 만세운동에 대한 폭력적 탄압, 《매일신보》의 허위보도, 지방 시위 소식, 경찰기관이 되어버린 학교 등에 대한 기사가 실렸다. 《매일신보》에 대해서는 3·1운동 이후 "동은 서라, 정(正)은 가(假)라, 유는 무라 하여 계급 동포의 의심과 반감을 일으키는 일종의 사기적 위조서류"를 만들고 있다고 강도 높게 비판했다.[5] 4월 17일 서울 팔판동에서 발견된 《자유신보》 15호는 발행일자가 4월 15일로 되어 있다. 4월 11일에 발견된 《자유신보》 25호처럼 사설과 기사로 구성되어 있으나, 발행 주체가 동일한지는 불확실하다. 이 지하신문은 상하이임시정부 수립 소식을 알리고 있다.

> 가정부 성립: 지난 8일에 상하이에서 우리 임시정부를 조직하여 세계에 선포하였다더라.[6]

《국민신보》라는 이름의 지하신문 역시 여러 주체에 의해 발간되었다. 세브란스병원에 근무하던 이일선은 개인적으로 4월 중순부터 8월 하순까지 《국민신보》 1호부터 26호, 그리고 '국치기념특별호'를 제작했다. 그는 각호마다 300부 정도씩 인쇄하여 종로와 동대문 부근에 배포했다. 4월 25일 서울 종로에서 발견된 《국민신보》 11호가 이일선이 작성한 것인지는 불확실하다. 이 지하신문 역시 사설과 기사로 구성되어 있는데, '가정부 조직에 대하여'라는 제목의 사설로 임시정부를 알리고 있다. 여기서 가정부는 4월 23일 서울 종로에서 열릴 예정이던 13도 대표의 국민대회에서 선포하고자 한 한성정부를 가리킨다. 배화여학교 교사였던 김응집도 《국민신보》라는 지하신문을 만들었다. 8월 12일에 21호, 8월 28일에 국치기념특별호를 제작했다고 한다. 《자유민보》나 《국민신보》

처럼 여러 주체에 의해 지하신문이 발간된 것은 지하신문을 통해 3·1운동의 확산에 기여하고자 하는 대중의 자발적 참여가 있었기에 가능한 일이었다.

서울에서만 지하신문이 등장한 것은 아니었다. 광주에서는 《조선독립신문》을 본뜬 같은 이름의 신문과 《광주신문》이 제작되어 배포되었다. 평양에서는 3·1운동이 발발한 직후부터 《독립신문》이 발행되어 4월 초까지 배포되었다. 이 지하신문의 발행 주체는 숭실대학 학생 이보식과 숭실중학교 학생 이겸호, 이인선, 이양식 등이었다. 미국 선교사 마펫의 비서를 겸하고 있던 이겸호의 집에서 등사판 인쇄 설비를 갖추고 신문을 발행했다.

3·1운동 당시 조선총독부 기관지 《매일신보》는 조선총독부의 나팔수 역할을 했다. 3월 7일부터 만세시위에 대해 보도하기 시작하면서 만세시위 소식의 은폐와 축소에 급급했다. 나아가 반(反)3·1운동담론을 유포하는 데 앞장섰다. 바로 이때 등장한 지하신문은 한국인에게 꼭 필요한 대안언론이었다. 사설을 통해 독립운동의 정당성을 설파했고, 기사를 통해 국내외 3·1운동 소식을 알리고 이를 왜곡하여 보도하는 《매일신보》를 규탄했다. 지하신문 발간운동은 곧 언론의 자유를 획득하기 위한 운동이었다. 일본에서조차 식민지 조선에서의 언론 탄압 정책을 비판하던 목소리를 무시해온 조선

총독부에 대한 일대 가격이었다.

당시 일본에서는 1918년에 집권한 하라 다카시(原敬) 내각이 정부 안의 신문국을 폐지하고 더 많은 언론의 자유를 허용하는 정책을 펼치고 있었다. 이에 발맞추어 일본 식민통치 방식에 비판적이던 요시노 사쿠조(吉野作造)는 "언론의 자유가 없는 조선은 암흑의 천지이다"라며 "차별, 무인(武人)정치, 동화정책을 철폐하고 언론의 자유를 인정하라"고 요구했다.[7] 일본에서 한국어로 된 잡지인 《반도시론》을 발간하던 다케우치 로쿠노스케(竹內錄之助)는 "하라 내각에 대하여 간절히 바라는 바는 조선에 대한 언론 자유에 있도다. '조선은 특수정치로 언론을 불용한다'는 관료적 해석을 타파하고 입헌적 두뇌로써 조선 개발에 일대 장애가 된 언론 압박을 철거하고, 오랫동안 침체했던 반도의 공기를 일소하는 것이 급무"라고 주장했다.[8] 또한 언론의 자유를 허용하여 불평을 털어놓게 함으로써 오히려 불평을 완화할 수 있다고 주장했다. 지하신문을 비롯한 각종 인쇄매체의 범람에 놀란 조선군 참모부는 1919년 7월에 "피차의 의사를 소통하고 융화의 일 수단으로서 어느 정도까지 언론의 자유를 허용할 필요가 있다"며 그것이 통치에 더 유익하다는 의견을 내놓았다.[9] 결국 조선총독부는 문화정치의 일환으로 한국어 신문과 잡지의 발간을 제한적이나마 허용하지 않을 수 없었다.

만세시위 확산의 수단, 등사기

'민심을 자극한 것은 선동적 문서의 배부였다.' 이것이 시위 확산의 원인을 찾던 조선총독부의 판단이었다. 지하신문과 각종 유인물과 격문 등 인쇄매체는 3·1운동의 전국화·일상화의 촉매제였다. 앞서 살펴본 지하신문과 함께 간단한 구호를 적은 전단·낙서·포스터, 시위 계획이나 투쟁 방침을 알리는 격문·사발통문, 관리의 사퇴나 일본인의 퇴거를 요구하는 경고문·협박문 등의 유인물이 사람들을 거리로 이끌었다.

조선의 독립은 확실하다. 이때 우리 동포는 죽음을 맹세하여 분기하라.[10]

서울에서는 학생에 대한 압제를 고발하는 〈우리 동포여!〉, 자치론을 배격하고 완전 독립을 이루자는 〈경고문〉 등 다양한 주장을 담은 각종 유인물이 등장했다. 3월 하순에 접어들자 이런 격문류의 유인물은 지방에서도 흔히 접하는 '불온문서'가 되었다. 전라북도 금산군 금산면에서는 3월 23일에 다음과 같은 내용의 격문이 뿌려졌다.

바야흐로 세계열강은 각각 적극적인 행동으로 성립하고 있다. 아, 조선이 건국 4천 년의 역사를 지니고 있어 문명의 자격과 인의의 인물이 있음에도 불구하고 일본인의 강제정치에 온갖 신산고초를 맛보고 있는 연유는 무사안일을 탐하고 우매한 사상과 매국적자(賣國賊子)가 발호함에 있으니 동포 청년은 이들 간흉한 적자의 행동을 본받지 말고, 인도를 주창하여 압제정치하의 금수생활을 모면하고 독립적 자유 활동을 하겠다는 뜻이 있는 동포는 오늘 하오 2시 반 장터로 나와 함께 행동하자.[11]

시위를 선전하고 선동하는 유인물은 각 지역에서 직접 작성, 제작하는 경우도 있었지만 서울이나 중국에서 만든 것을 들여와 등사기로 재인쇄하는 경우도 많았다. 〈임시정부선포문〉, 〈임시정부령〉 등은 상하이에서 제작되어 베이징, 톈진을 거쳐 철도편으로 국내에 반입되어 철도역 부근 지역을 중심으로 배포되었다. 우편을 이용하거나 직접 가택에 투입하는 방식을 취했다.

유인물의 내용은 조선총독부의 우려대로 선동적이었다. 평안북도 일대에 배포된 〈행정명령〉이라는 제목의 유인물은 '일본의 지배 아래서는 절대로 관공리가 되지 말 것, 현재 관공리로 있는 자는 빨리 사직할 것, 일본 관공리와 교섭하지 말 것, 세금의 징수에 응하지 말 것, 일본어를 사용하여 일본인과 이야기하거나 거래하지 말 것' 등을 요구하고 있었다. 이와 더불어 일본 상품 배척, 일본인과의 모든 거래 중지, 친일파 처단 등 반일투쟁을 고취하는 전단, 격문, 포스터 등이 곳곳에 살포되었다.

유인물 배포를 위한 조직도 결성되었다. 대구의 혜성단은 1919년 4월부터 5월까지 10명의 단원으로 인쇄책, 배달책, 출납책 등의 조직망을 구성해 각종 선전물 11종 2천여 매를 인쇄해 배포했다. 선전문은 다음과 같은 주장을 펼쳤다.

세계대전도 미국의 출병에 의해 드디어 평화의 결과를 가져와 그 대통령의 제창에 의해 모든 약소국은 국권을 회복하게 되어 있다. 동포들은 분기하여 노예적 대우를 받아온 치욕을 씻고 자유의 천지를 개척할 수 있는 호기를 틈타 국가 재건에 노력해야 한다.

비록 일본의 강압이 있을지라도 육탄으로 싸워 굴함이 없어야 하거늘 먼저 상점을 폐점하여 일본인과의 거래를 끊고 일본 상품을 배척해야 한다.
동포들이 지금 각지에서 봉기해서 독립운동을 하고 있다. 너희들 조선인 관공리들은 호구를 위해 동족의 원수가 되는 것이니 속히 각성하고 사직해 조국을 위해 독립운동을 하라.[12]

학생들이 만세시위를 주도하는 데서 더 나아가 혜성단과 같은 비밀결사를 조직해 활발하게 활동을 벌이자, 경상북도에서는 '대구 학생들을 본받아라!'라는 구호가 등장하기도 했다.

3·1운동에서 인쇄매체는 훌륭한 선전선동 도구였다. 신문과 유인물 등을 통해 궁벽산촌은 물론 방방곡곡에서 일어나는 시위와 투쟁, 군인과 경찰의 잔악무도한 탄압 등의 소식을 접하면서 만세시위는 두 달이 넘도록 식을 줄을 몰랐다. 이러한 인쇄매체를 생산하는 기계가 바로 등사기였다. 등사기는 1910년대 이후 널리 보급되었다. 만세시위를 준비하는 과정에서는 기독교와 천도교의 교회와 학교 소유 등사기가 주로 이용되었다. 종종 군청이나 면사무소, 사찰의 등사기를 이용한 경우도 있었다. 위에 언급한 금산면에 뿌려진 격문은 면사무소 등사기로 인쇄되었다. 개인이 갖고 있던 등사기도 활용되었다.

등사기의 빠른 인쇄 속도는 대량의 독립선언서나 유인물을 배포해 만세시위를 확산시키는 데 큰 기여를 했다. 전라북도 군산 출신으로 세브란스의학전문학교 학생이던 김병수는 3월 1일 서울에서 민족대표 이갑성에게 독립선언서 100매를 받아 귀향해 만세시위를 모의했다. 3월 6일 장날에 만세시위를 일으킬 것을 계획하면서 3월 1일부터 4일까지 독립선언서 7천 매를 영명학교 등사기를 이용해 등사했다. 함경남도 함흥에서는 2월 28일 밤 원산에서 자전거를 타고 달려온 장로교 장로 이순영이 중하리교회를 찾아와 독립선언서를 건넸다. 함흥의 학생단체인 함우회에는 2월 28일에 원산 출신으로 보성법률상업학교 학생인 강기덕이 보낸 독립선언서가 도착했다. 기독교 전도사 조영신은 3월 1일에 만세시위가 일어난 원산에 가서 독립선언서를 갖고 왔다. 이렇게 함흥에는 세 경로를 통해 독립선언서가 도착했다. 3월 2일에는 영생학교 교사 이근재의 집에 학교 등사판을 가져와 독립선언서 3천~4천 매를 인쇄했다. 그리고 3월 3일 함흥 장날 만세시위에서 배포했다.

흥미로운 건, 3·1운동 재판 당시 등사기로 찍어낸 유인물에 출판법을 적용할 수 있느냐 하는 논란이 있었다는 사실이다. 3월 1일 평안북도 선천의 만세시위를 준비하면서 〈2·8 독립선언서〉를 등사했던 신성학교 학생 장일현은 고등법원에 상고하면서 등사기를 활용한 인쇄는 저작권이 없는 것으로 출판법에 저촉되지 않으니 자신은 무죄라는 논리를 폈다.

법률상 문제가 되지 않는 등사를 마치 활자매체인 양 간주하고 출판법을 적용했을 뿐만 아니라 지방법원, 복심법원 모두 일언반구의 변론을 허가하지 않고 엄중한 형벌을 강요하니, 어찌 좋은 문명제국의 재판법이고 신성한 헌법을 적용한 것이라고 말할 수 있겠는가. 무릇 등사라는 것은 손으로 쓰는 것과 같은 것이니, 헌법은 일단 제쳐두고 세계 야만국의 법제라고 해도 인쇄와 같은 것으로 법률상의 책임을 과하는 일은 없다. 또, 문자의 뜻으로 보아도 등과 사는 각각 베낀다는 뜻을 갖고 있어 인쇄와는 전혀 다르니 출판의 의미를 갖고 있지 않음이 분명하다. 가령 인쇄와 동일하다고 본다 해도 그 원본은 타인의 저작물로 그 저작자인 도쿄 유학생 최팔용 이하 7인은 이미 저작출판법 위반으로 금고 9월형에 처해진바, 지금 피고(장일현)가 그것을 등사했다고 해서 어떻게 동 시대 동 사건에 동 법률에 따라 징역 2년의 혹독한 벌에 처할 수 있겠는가. 피고의 행동은 출판법에는 조금도 저촉하는 것이 아니므로 무죄임에 명백하다.[13]

물론 선동적 문서의 '불온성'을 문제 삼았던 고등법원은 장일현의 상고를 기각했다.

이처럼 기독교와 천도교 교회라는 근대 종교시설, 학교라는 근대 교육시설, 혹은 개인이라는 근대적 주체가 소유했던 등사기는 만세시위가 전국적으로 확산되는 데 결정적인 수단이 되었다.

시위의 신문화, 태극기와 애국가

태극기와 애국가도 3·1운동 만세시위에서 처음 등장했다. 시위 현장에서 태극기와 애국가는 나라 상실의 고통을 절감하게 했고 독립투쟁의 의지를 고취시켰다. 먼저, 시위 현장에는 다양한 깃발이 등장했다. '대한독립만세', '조선독립만세', '대조선독립만세', '대한국독립만세', '한국독립만세', '신대한제국독립만세' 등이 적힌 깃발이 사용되었다. 천도교인들은 천도교기인 궁을기를 들고 시위에 참여하기도 했다. 서울에는 적기도 등장했다. 가장 많이 흔든 깃발은 단연 태극기였다. 조선총독부는 시위로 구속된 사람들을 신문할 때, 태극기를 소기(小旗) 혹은 구한국기라고 지칭했다. 1883년 공식적으로 국기의 지위를 획득한 태극기는 각종 행사에 등장하면서 조선·대한제국의 표상으로 자리 잡았다. 하지만 1910년 국망으로 국기로서의 지위를 상실하고 만다. 그 태극기가 1919년 3·1운동을 통해 다시 등장한 것이었다. 당시 태극기는 주로 학생들이 제작했다. 여성, 노동자, 기생, 농민, 청년 등도 태극기를 만드는 데 동참했다. 순사와 면서기가 태극기를 만들어 만세시위에 참가하는 경우도 있었다.

시위 현장에서만 태극기를 볼 수 있는 것이 아니었다. 면사무소에 일장기 대신 태극기를 게양하거나, 손수 그리거나 만든 태극기를 가가호호 내건 마을이 등장했다. 경기도 개성군 중면 대룡리에서는 3월 31일부터 4월 2일까지 뒷산에 태극기를 꽂아놓고 밤마다 봉화시위를 벌였다. 대형 태극기를 마을 높은 곳에 달고 기차가 지나갈 때마다 승객과 마을 사람들이 호응해서 만세를 부른 일도 있었다. 3월 31일 경부선이 지나가는 추풍령역에서는 30여 명이 태극기를 흔들며 독립만세를 불렀다. 이에 기차 승객들이 호응해 객실에서 독립만세를 외쳤다. 이렇게 독립의 상징인 태극기를 앞세운 시위대들은 일본 지배의 상징인 일장기를 불태웠다. 3월 29일 일어난 경기도 장단군 진서면의 만세시위에서 시위대는 면사무소에 걸린 일장기를 불태웠다. 4월 1일 경기도 안성군 원곡면에서 일어난 만세시위에서는 우편소 사무소에 걸린 일장기를 떼어내 불태웠다.

3·1운동을 거치면서 태극기는 국권 상실의 현실을 각인하고 독립의 사명을 일깨우는 상징물이 되었다. 이후 3·1운동 기념식 등 각종 기념식에 태극기가 등장했고, 대한민국임시정부의 모든 행사는 태극기에 대한 경례로 시작되었다. 1926년 6·10만세운동과 1929년 광주학생운동에도 태극기가 등장했다.

시위에는 새로운 운동가도 등장했다. 〈조국가〉, 〈격검가〉, 〈광복가〉, 〈복수가〉, 〈혈성가〉, 〈대한독립가〉, 〈소년전진가〉 등

이 불렸다. 3월 1일 평안북도 의주 시위에서 불렸던 〈독립창
가〉의 가사는 다음과 같다.

> 반도 강산아 너와 나와 함께 독립만세를 환영하자.
> 충의를 다해서 흘린 피는 우리 반도가 독립될 준비이다.
> 4천 년 이래 다스려온 우리 강산을 누가 강탈하고
> 누가 우리 마음을 변하게 할 수 있으랴.
> 만국평화회의에서의 민족자결주의는 하늘의 명령이다.
> 자유와 평등은 현재의 주의인데 누가 우리 권리를 침해할
> 쏘냐.[14]

충청남도 당진군 대호지면의 4월 4일 시위에는 지역에서
작곡한 〈애국가〉가 불렸다.

> 간교한 일본은 강폭함을 주장해
> 드디어 내 나라를 억탈했다.
> 우리들은 이렇게 통탄할 지경에 이르렀으니,
> 살아도 설 곳이 없고, 죽어서는 묻힐 땅이 없다.
> 이 원수를 갚지 않을 수 없다.
> 각인은 노력하고 동심협력하여
> 불구대천의 원수를 갚아

무궁전세의 내 국가를 독립하자.[15]

대한제국기부터 불리던 애국가도 시위 집회에서 제창되었다. 애국가는 태극기와 달리 대한제국에서 공식 국가(國歌)로서의 지위를 획득한 바 없었다. '동해물과 백두산이 마르고 닳도록 하나님이 보호하사 우리 대한 만세'로 시작하는 애국가는 나라의 운명이 기울어갈 무렵, 애국창가운동의 일환으로 민간에서 널리 불리던 노래로 곡조는 〈올드랭자인(Auld Lang Syne)〉의 멜로디를 그대로 사용했다. 만세 시위에서는 애국가 제창을 위해 미리 학생들에게 애국가를 가르쳐 합창단으로 동원하는 경우도 있었다. 이렇게 3·1운동 과정을 거치면서 애국가는 전국적으로 확산되었다. 그리고 대한민국임시정부가 국민의례에서 애국가를 국가로 불렀다.

해방 이후 반독재투쟁을 벌이는 민주화 시위에도 어김없이 태극기와 애국가가 있었다. 4·19, 5·18, 6월 항쟁의 현장에는 태극기가 등장했고 애국가를 불렀다. 일제시기에 독립을 향한 저항을 상징했던 태극기와 애국가는 해방 이후에 나라의 국기요 국가로서의 지위를 누리는 동시에 민주주의라는 목표를 향한 저항을 표현하는 문화상징으로서의 전통을 이어나갔다.

연대의 문화가 수립되다

3·1운동은 독립운동에 있어 여러 면에서 선구적 역할을 했다. 연대투쟁에서도 3·1운동은 새로운 경험 세계를 열어주었다. 연대투쟁의 출발점에는 1898년 서울을 뜨겁게 달구었던 집회이자 시위인 만민공동회가 있다.

> 12월 1일에 수많은 인파가 운집한 가운데 운구 행렬이 종로를 거쳐 남대문에 도착했다. 상여 뒤로는 수많은 만장과 수천 명의 시민이 따랐다. 많은 사람들이 거리를 가득 메운 가운데, 오후 1시부터 노제가 시작되었다. 학생 대표, 여성 대표, 교사 대표가 제문을 읽고 학생들이 추모의 노래를 합창했다. 장지로 떠날 때도 많은 시민들이 동행했다.[16]

최초의 사회장인 김덕구 장례의 풍경이다. 구두수선공이던 김덕구는 1898년 11월 21일 독립협회에 대한 정부의 탄압에 항의하는 만민공동회 집회에 참가했다가 보수단체인 황국협회의 습격을 받아 사망했다. 만민공동회는 그가 평범한 시민으로서 애국과 충의를 실천하며 순국한 의사(義士)라고 추앙하며 사회장을 추진했다.

처음 만민공동회를 개최한 것은 독립협회였다. 하지만 만민공동회가 연일 1만여 명을 헤아리는 시민이 참여하는 집회와 시위의 장이 된 것은 독립협회가 폐쇄되고 간부들이 죄다 체포되었을 때였다. 또렷한 지도부와 운영 방침 없이 시민들이 자발적으로 머리를 맞대며 연대해 꾸려간 공동체가 바로 만민공동회였던 것이다.

만민공동회는 의회 개설과 인권 수호를 주장하는 민주주의의 공연장이었다. 당시 서울 인구가 17만 명 정도였는데 만민공동회에 매일 1만~2만 명이 모였다. 학생, 상인, 여성을 비롯한 서울 시민들이 연일 철야농성을 펼쳤다. 이 소식에 전국 방방곡곡에서 만민공동회에 연대의 마음을 표하며 성금을 보내왔다. 집 판 돈을 보낸 이, 배를 보낸 과일 장수, 술을 보낸 술장수에서 감옥의 죄수는 물론 걸인에 이르기까지 많은 사람들이 성금이나 물품을 쾌척했다. 나무꾼들이 기부한 장작은 철야농성장의 밤하늘을 훤히 비췄다. 만민공동회를 엄호하던 200여 명의 군인이 지지를 표명하며 스스로 해산하는 사태가 벌어지기도 했다.

1898년 10월부터 12월까지, 겨울의 초입에서 찬비와 추위를 무릅쓰고 철야농성을 불사하던 만민공동회 운동은 결국 대한제국 정부의 폭력 진압에 의해 해산되었다. 하지만 일사불란한 지도부 없이 시민의 자발성에 의거해 몇 달간 집회와 시위를 지속하는 가운데 전국에서 아낌없는 지지와 성원을 받으며 연대의식을 경험하는 성과를 남겼다.

그로부터 20년이 지난 1919년 3·1운동에서 연대는 확고한 저항문화의 하나로 자리 잡았다. 한국인 모두가 약자 처지의 식민지민으로서 서로 어깨를 겯고 살아야 했던 그때, 도시와 농촌에서 천도교와 기독교가, 종교인과 학생이, 학생과 노동자가, 이웃 마을 사람들이 함께 어울려 만세시위를 벌였다. 또한 만민공동회 운동에서 시작된 평범한 사람들의 연대에 더해 3·1운동에서는 엄혹한 무단정치 아래서 독립시위를 준비하며 종교인과 학생 등의 지도부들이 연대하는 문화가 조성되었다.

1918년 말 1차 세계대전 전후처리를 위한 파리강화회의 개최를 목전에 두고 지식인들은 세계정세를 예의주시하며 독립운동을 준비하고 있었다. 상하이에서는 여운형이 파리강화회의에 신한청년당 대표로 김규식을 파견했다. 그리고 이 소식을 알리고 독립운동을 촉구하고자 국내에 밀사를 파견했다. 1919년 1월 18일 파리강화회의가 개막하고 사흘 후인 1월 21일에 고종이 급사했다. 도쿄에서 2·8독립선언을 준비하던 유학생들은 독립선언 준비 소식을 알리고자 송계백을 국내에 밀파했다. 국내외적 상황이 한국인의 독립 열망을 세계에 알릴 호기라고 판단한 종교계 인사들과 학생들이 본격적인 독립운동 모의에 나섰다. 그 결과로 1919년 3월 1일에

일어난 독립선언식과 만세시위는 천도교에서 '일원화'라고
표현했던 연대의 가치에 기반해 준비된 것이었다.

1910년대에 지식인에게는 정치결사의 자유가 없었다. 종
교계 지도자나 학교 교원 정도가 사회활동으로서 허용된 범
주였다. 바로 그들이 독립운동 모의의 주체로 활약했다. 제일
먼저 천도교가 연대에 기반한 독립운동을 제안했다. 천도교
창건자 손병희와 그의 측근 권동진과 오세창, 1910년 국망
직후 천도교에 입교해 보성중학교와 보성고등보통학교 교장
을 맡았던 최린이 주모자였다. 그들은 1919년 1월 말부터 본
격적으로 움직였다. 구체적인 독립운동 방법으로는 세 가지
를 마련했다.

첫째, 조선민족대표의 이름으로 조선독립을 선언하고 선언
서를 전국에 배포하여 민중시위를 일으켜 조선민족의 독립
열망을 세계에 보여준다. 둘째, 일본 정부와 귀족원, 중의원,
조선총독부, 파리강화회의 참가국 위원에게 조선 독립에 관
한 의견서를 제출한다. 셋째, 윌슨(T. W. Wilson) 미국 대통령
에게 조선 독립에 힘써달라는 내용의 청원서를 제출한다. 연
대를 위한 연락 실무는 최린이 맡았다. 그런데 그들은 처음부
터 독립운동의 원칙으로 대중화, 비폭력과 함께 일원화를 염
두에 두었다고 한다.

2월 초에 최린은 먼저 학교 교원들과 연대했다. 중앙학교

교장 송진우와 교사 현상윤을 만나 독립운동 계획을 알리고 동의를 받아냈다. 다음으로는 박영효, 윤치호, 윤용구, 한규설 등 조선·대한제국 고위관료 출신과의 연대를 시도했으나, 모두 실패했다. 가장 중요한 연대세력은 역시 기독교계였다. 최린은 독립선언서를 기초하기로 한 최남선을 통해 장로교 장로 이승훈과의 접촉을 시도했다. 이승훈은 곧바로 2월 11일에 상경했고 송진우를 만나 천도교의 독립운동 계획을 듣고는 동참할 뜻을 밝혔다.

중앙집권적 단일조직인 천도교와 달리 기독교계는 장로교와 감리교로 양분되어 있었다. 이승훈은 장로교와 감리교 간의 연대를 모색했다. 그는 먼저 평안북도 선천에서 장로교 지도자인 양전백, 유여대, 김병조, 이명룡 등을 만나 동의를 받아냈다. 평안북도 평양에서는 장로교의 길선주 목사와 함께 감리교의 신홍식 목사를 만나 동참의 뜻을 얻어냈다. 2월 17일 다시 서울에 온 이승훈은 최린이 아닌 송진우와 최남선만을 상대하게 되자 천도교의 독립운동 준비에 의심을 품게 되었다. 때마침 그는 중앙기독교청년회 간사 박희도로부터 감리교 세력이 강한 서울의 기독교계에서도 독립운동에 대한 논의가 있다는 얘기를 들었다. 이승훈은 2월 20일에 감리교 지도자인 오화영, 정춘수, 신홍식, 오기선 등과 만나 장로교와 감리교의 연대에 기반한 기독교만의 독자적인 독립운동으로서 일본 정부에 독립청원서를 제출하기로 결정했다. 장로교의 함태영, 이갑성, 안세환, 오상근, 현순 등도 만나 이에 대한 동의를 얻어냈다.

마침내 2월 21일에 가서야 최남선의 주선으로 이승훈과 최린이 만났다. 최린은 이승훈에게 기독교만의 독자적인 준비를 중단하고 천도교와 연대하자고 설득했다. 이승훈은 최린에게 5천 원(오늘날로 환산하면 약 2억 5천만 원)의 운동자금을 요청했고, 천도교 지도자 손병희는 이를 곧바로 제공했다. 그 날 밤 이승훈은 함태영, 안세환, 김필수, 오상근 등 장로교 지도자와 박희도, 오화영, 신홍식, 오기선 등 감리교 지도자들을 함께 만났다. 철야회의 끝에 이들은 천도교의 독립운동 방법을 확인한 후에 연대를 결정하기로 하고 이승훈과 함태영을 교섭 대표로 선정했다. 다만 독립청원 계획도 계속 추진하기로 했다. 다음 날 최린은 이승훈과 함태영을 만난 자리에서 독립청원 방식을 거부하며 독립선언을 하지 않을 바에는 연대할 필요가 없다고 주장했다. 이승훈과 함태영은 다시 기독교 지도자들을 만나 논의 끝에 천도교와 연대하기로 결의했다.

천도교와 기독교의 연대가 성사된 것은 2월 24일이었다. 양측의 합의는 구체적이었다. 첫째, 독립선언은 3월 3일 고종 장례식에 참석하고자 수십만 명이 운집하게 될 서울에서 3월

1일 오후 2시 탑골공원에서 하기로 정했다. 둘째, 독립선언서를 대량 인쇄해 서울은 물론 각 지방에 배포하고 지방에서는 서울의 독립선언 일시와 독립선언서의 배포 방식 등을 따르도록 요청하기로 했다. 셋째, 독립선언서의 인쇄는 천도교가, 배부는 천도교와 기독교가 함께 담당하기로 했다. 또한 일본 정부와 귀족원·중의원에 대한 의견서 제출은 천도교가, 미국 대통령과 파리강화회의 참석국 위원들에 대한 의견서 제출은 기독교가 담당하기로 했다. 넷째, 조선민족대표는 천도교와 기독교에서 각각 선정하되, 불교와도 연대하기로 했다.

최린은 그날 밤 신흥사 승려 한용운을 만나 연대를 요청했다. 1월 말부터 최린에게 독립운동 의사를 내비쳤던 한용운은 즉시 승낙했다. 한용운의 주선으로 해인사 승려 백용성의 동의도 받았다. 한편 최린은 한용운을 통해 유림과의 연대를 시도했던 것으로 보인다. 곽종석과 김창숙이 호의적인 반응을 보였다고 하나, 중심이나 조직이 뚜렷하지 않아 자칫 개별 접촉을 시도하다 보면 사전에 발각될 염려가 있고 시일도 촉급해 결국 성사되지는 않았다.

천도교와 기독교, 불교의 연대가 이루어질 무렵, 학생 지도자들도 종교계의 독립운동에 연대하기로 결정했다. 본래 학생들은 전문학교 대표들을 중심으로 독자적인 독립운동 계획을 마련해놓고 있었다. 그들은 1919년 1월 말부터 의기투

합했다. 1월 26일 연희전문학교의 김원벽, 보성법률상업학교의 강기덕, 경성의학전문학교의 한위건이 독립운동 문제를 논의하고자 모였다. 이 자리에는 중앙기독교청년회 간사 박희도와 보성법률상업학교 졸업생 주익 등이 함께했다. 이후 준비 과정에서 주익이 독립선언서를 작성했는데, '일본과 제휴하고 동양의 평화에 대한 유색인종 단결의 결실을 맺고자 민족자결주의에 입각하여 조선의 독립을 선언한다'라는 취지를 담고 있었다고 한다.

한 달여간의 준비 끝에 2월 20일에는 각 전문학교 대표를 뽑고 대표자들이 체포될 경우에 대비해 시위를 이끌어갈 책임자를 정했다. 그런데 2월 22일에 박희도가 종교계가 독립시위를 벌일 예정이라는 소식을 전하며 연대를 제안했다. 2월 24일에는 독립시위 날짜가 3월 1일로 정해졌다는 소식을 전했다. 전문학교 대표들은 이틀간 잇달아 회의를 열어 3월 1일에는 중등학교 학생들을 동원하여 탑골공원의 독립선언식에 참석하고, 3월 5일에는 학생들만의 독자적인 시위를 전개한다는 방침을 수립했다. 이처럼 학생들은 3월 1일의 독립선언식 참여를 결정함으로써 종교계의 독립운동에 연대하고자 했다.

2월 27일과 28일에는 민족대표 선정, 독립선언서 인쇄와 배포 등 구체적인 진행과 관련한 연대활동이 펼쳐졌다. 2월

27일 종교계는 민족대표를 최종 선정했다. 천도교는 중앙교단 차원에서 도사, 장로를 중심으로 최고위직 간부 15명이 참여했다. 기독교계에서는 장로교에서 6명, 감리교에서 10명이 참여했다. 불교계에서는 앞서 언급한 2명이 참가했다. 그날로 민족대표들은 최린에게 도장을 보내 독립선언서에 날인했다. 독립선언서도 2월 27일에 천도교가 경영하는 보성사에서 인쇄되었다. 공장 감독인 김홍규는 그날 오후 5시부터 11시까지 독립선언서 2만 1천 매를 인쇄했다.

2월 28일의 독립선언서 배포 역시 종교계와 학생들의 연대를 통해 이루어졌다. 천도교월보사 사장인 이종일의 책임 아래 독립선언서가 전국에 배포되었다. 먼저, 천도교는 북부지방을 중심으로 배포에 나섰다. 안상덕은 2천 매를 들고 강원도와 함경도로 향했다. 김상열은 3천 매를 가지고 평안도로 출발했다. 이경섭은 1천 매를 받아 황해도 지역으로 향했다. 한편 인종익은 2천 매를 받아 전라북도와 충청북도로 떠났다. 기독교계 인사 중에는 이갑성과 함태영이 배포를 주도했다. 이갑성은 강기덕에게 1500매를 보내 학생들이 서울에 배포하도록 요청했다. 2월 28일 밤 정동교회에는 10여 명의 중등학교 학생 지도자들이 모여 독립선언서를 나눠 가졌다. 또한 이갑성은 이용상에게 300~400매를 주어 경상도에 배포하도록 했다. 김병수에게는 100매쯤을 주면서 군산지방에 배포하도록 했다. 함태영은 600매 정도를 평양에 보내고 남은 600매를 민족대표로 참여하기로 한 김창준에게 주었다. 김창준은 이 중 300매를 이계창을 통해 선천에 보냈고, 오화영을 통해서는 개성에 200매, 원산에 100매를 보냈다. 불교계에서는 한용운이 3천 매를 받아 중앙학림 학생 오택언, 정병헌 등 9명에게 1500매를 건네 서울에 배포하도록 지시하고 나머지는 남부지방에 배포했다. 이처럼 서울에서 3월 1일에 독립선언서를 배포하는 일은 모두 학생들에게 맡겨졌다.

그날 밤 처음으로 천도교·기독교·불교 지도자, 즉 민족대표 중 23명이 손병희의 집에 모였다. 이 자리에서 그동안 학생들의 독립운동 준비를 함께했던 이갑성이 다음 날 탑골공원에 학생들이 모인다는 소식을 전했다. 그런데 민족대표들은 자칫하면 불행한 소요 사태가 일어날 수 있다며 학생과의 연대에 우려를 표했다. 결국 민족대표들이 참가하는 독립선언식 장소는 탑골공원이 아닌 인사동 태화관으로 변경되었다.

이처럼 종교계의 연대는 민족대표 선정을 중심으로 이루어졌다. 종교계의 연대를 적극적으로 평가한 학생들은 종교계가 준비한 독립선언식에 연대하고자 했다. 민족대표들은 학생들과의 연대를 부담스러워했다. 하지만 서울의 독립선언서 배포 과정에서 알 수 있듯이 기독교 지도자를 매개로 한

종교계와 학생 간의 연대는 3월 1일 독립선언식과 만세시위의 대중화에 결정적인 역할을 했다. 3·1운동이 전국으로 번지는 과정에서도 지방 곳곳에서 천도교와 기독교 혹은 학생과 종교세력의 연대시위가 일어났다. 여러 세력이 연대하여 대중시위를 준비하고 이끄는 것은 3·1운동 이후 낯익은 풍경이 되었다.

3·1운동 이후 언론의 자유가 제한적이나마 허용되면서 발간된 신문과 잡지를 통해 전국은 더욱 조밀한 네트워크를 형성해갔다. 한반도의 남과 북, 동과 서의 소식을 서로 주고받으며 때론 다독이고 때론 질책하며 식민치하 한국인 사회는 '보이지 않는 손'과 같은 연대의식을 형성해나갔다. 1923년 전라남도 무안군 암태도에서 소작쟁의가 벌어졌을 때도 서울의 사회단체는 물론 국내외의 사회단체들이 마치 자기 일처럼 나서 격려하며 함께 싸웠다. 지방에서 일어난 쟁의였지만, 지역 단체는 물론 전국적 규모의 단체들이 연대활동을 펼쳤다. 이러한 연대를 조선총독부는 '외부세력의 개입'이라 불렀다.

3·1운동을 통해 자리 잡은 연대는 약자인 식민지민으로서의 경험에서 비롯된 문화다. 암태도 소작쟁의는 물론 1929년의 원산총파업과 광주학생운동이 장기간 투쟁을 이어나갈 수 있었던 것은 마음을 포개고 돈을 보태고 동참하고 동맹하

며 싸우던 연대의 힘이 있었기 때문이다. 해방 이후에도 민주주의 투쟁의 길목마다 연대의 기억과 전통이 문화로서 힘을 발휘했다.

독립투사를 위한 법정투쟁이 시작되다

일제시기의 재판은 조서재판이라는 조롱을 받았다. 판사가 검사와 예심판사가 작성한 조서대로 선고하는 문화가 있었기 때문이다. 고문에 의해 조작된 조서가 몸에 새겨진 고문 흔적보다 재판관의 유무죄 판단에 결정적인 영향을 미쳤다. 인권보호를 위해 마련된 사법제도가 식민지인 한국에서는 부당한 통치행위를 인증하는 제도로 전락했던 것이다.

인권보다는 일본제국주의의 통치권력의 힘을 절감하게 하는 재판이었지만, 한국인 변호사들은 독립운동가들과 함께 그에 항의하는 법정투쟁을 전개했다. 독립투사를 위해 법정투쟁을 벌이는 변호사가 처음으로 세상의 이목을 끌게 된 것이 바로 3·1운동 재판에서였다.

1919년 3월 1일 발표한 독립선언서에는 33명의 민족대표가 서명했다. 이들 중 망명한 김병조와 옥사한 양한묵을 제외한 31명이 재판에 넘겨졌다. 여기에 3·1운동을 실질적으로 준비한 17명을 보탠 48명에 대한 취조는 6월 초순에야 일단락되었다. 검사국에서는 이들을 출판법 및 보안법 위반으로 예심에 넘겼다.

예심은 경성지방법원 예심판사 나가지마 유조(永島雄藏)를 주심으로 진행되어 8월 1일에 종결되었다. 예심에서는 이 사건을 '조선독립을 목적으로 하는 폭동을 야기함에 이르는 사실'로 정리하고, 형법 제77조의 내란죄에 해당하는 것으로 보았다. 48인이 '전 조선인에 대하여 평화교란을 선동하고 나아가 불온문서를 공표하여 조선독립운동을 개시하게 했으며 마침내는 폭동을 일으킬 자가 있을 것을 미리 알면서도 독립선언서를 다수 인쇄하여 배포했다'는 것이다. 내란죄는 고등법원에서 다루도록 되어 있었으므로 예심판사는 예심을 종결하고 고등법원으로 사건을 회부했다.

고등법원은 고등법원 예심판사에게 사건 검토를 맡겼다. 예심판사는 고등법원장에게 피고인들의 행위는 내란교사죄가 되지 않는다는 내용의 의견서를 제출했다. 피고인들이 폭동을 교사한 게 아니고 폭동 행위자의 자발적 의사에서 나왔다는 것이다. 손병희 등 48인은 '독립선언식을 거행하고 또 독립만세를 부를 것을 전달하는 등의 행위'를 한 것에 불과하며 독립선언서에 등장하는 '최후의 일인, 최후의 일각까지'라는 표현만으로 조선독립의 목적을 폭동으로 달성할 것을 교사했다고 보기 어렵다는 것이다. 이 의견서에 따라 고등법원은 내란죄가 아니므로 고등법원이 아니라 경성지방법원에서 이 사건을 다루어야 한다고 판결했다.

민족대표들은 체포된 지 1년이 훌쩍 넘은 1920년 7월 13일에야 경성지방법원에서 첫 재판을 받았다. 변호인 측은 '이 사건은 현행 법령 중 어떤 조문에도 해당하지 아니한다'며 공소불수리를 주장했다. 피고인들에게 적용된 보안법과 출판법은 대한제국 시기인 1907년과 1909년에 각각 제정된 법률로 1911년의 칙령 제30호에 의해 효력을 상실한 만큼 공소는 불수리되어야 한다는 것이다. 보안법과 출판법 적용이 불가하다는 변호인 측의 주장은 3·1운동으로 검거한 사람들을 보안법과 출판법으로 처벌해온 사법당국에 대한 일대 도전이었다. 재판부는 일단 그에 대한 판단을 유보하고 심리를 계속했다.

1920년 7월 16일에 열린 다섯 번째 공판에서 허헌 변호사가 새로운 공소불수리론을 제기해 큰 파란이 일었다. 요지는 다음과 같다.

이 사건의 공소는 수리되지 않아야 한다고 생각한다. 이 사건은 지방법원에서 고등법원에까지 올라가서 고등법원의 예심결정을 다시 지방법원으로 이관하게 되었는데, 고등법

원의 결정서 주문에 의하면 '경성지방법원을 본건의 관할
재판소로 지정함'이라고 하고 있을 뿐이고, 그 주문에 '본건
을 경성지방법원에 송치함'이라는 명문이 없다. 따라서 본
건은 아직 고등법원에 계속 중이다. 그러므로 관할지정을
받았을 뿐 송치를 받지 못한 본안을 이 법정에서 심리함은
명백히 위법이고, 따라서 이 재판소는 본건 공소를 수리하
지 않는 판결을 내리는 것이 마땅하다.[17]

  허헌이 제기한 공소불수리론은 첫날 변호사들이 법 적용
시기를 문제 삼아 제기한 공소불수리론과 질적으로 달랐다.
허헌의 공소불수리론에 따르면 이 재판은 형식상 요건을 갖
추지 않아 곧바로 각하되고 끝나야 했다. 검사는 곧바로 논박
했다. 고등법원 결정서의 '주문'에는 비록 '사건을 송치'라는
말은 없으나, '이유' 부분에 송치한다는 말이 나오므로 주문
에 송치가 포함된 것으로 해석할 수 있으며 만일 공소불수리
를 한다면 1년 6개월이나 미결 상태에 있는 피고인들의 괴로
움이 가중될 것이라는 얘기였다. 공소불수리를 하면 처음부
터 절차를 다시 진행하게 되니 피고인들에게는 불이익이라
는 뜻이다. 하지만 허헌은 절차상 하자를 두고 이대로 재판을
진행하면 항소와 상고를 통해 고등법원에 올라갔다가 다시
지방법원으로 내려오게 되지 않으리라는 법이 없고 그럴 경

우 그동안 했던 재판조차 무효가 될지 모르므로 재판장은 피고인 신문을 개시하기 전에 이 문제를 판결해달라고 요구했다. 소송관행의 빈틈을 십분 활용해 법대로 재판하라고 요구하는 허헌의 주장에 재판부는 당황했다. 재판장은 다른 판사들과 합의한 끝에 다음 날 다시 공판을 열어 허헌이 제기한 공소불수리 여부를 심리하겠다며 폐정했다. 허헌의 공소불수리론은 3·1운동 재판 준비에 매달려 치밀하게 법리를 따지고자 한 노력의 산물이었다.

그때 나는 이 사건을 맡아 가지고 함흥에 있으면서 석 달 동안을 침식을 잊고 다른 사건을 일체 사절하고 그 수만 매라는 30여 책의 거창한 기록을 밤낮 들고 보고는 연구해왔는데 어찌 뜻하였으리요. 고등법원의 주문에는 사건을 경성지방법원의 관할로 지명한다는 말뿐이었고 송치한다는 정작 중요한 말이 없습니다. 그러면 결국 48인의 피고는 고등법원에도 계속된 것이 아니고 그렇다고 지방법원으로 말할지라도 사건이 온 흔적이 없는데 수리를 할 수 없는즉, 피고들은 심리받을 필요가 없이 즉시 석방되어 나와야 할 것이었습니다. 나는 이에 법정에 서서 법률을 들고 재판장과 싸워 피고들을 아무 일 없이 석방시켜주어야 옳은 것을 믿고서 단연히 일어났습니다.[18]

허헌의 각오는 재판기피신청을 준비할 만큼 대단했다.

실로 그때의 조선 처지는 공소불수리 문제로 뒤법석하였습
니다. 마침내 합병 이후 처음 보는 이 공판 날은 당도했는데
나는 일생에 이 재판 하나만은 이겨놓고 죽는다는 굳은 신
념으로 편협한 재판장이 되어 만일 법률을 무시하고 그 공
소를 수리한다면 그 재판장까지 기피하여버리려 하여 기피
신청서까지 미리 써서 손에 쥐고 법정에 나타나 피고 모두
를 즉시 석방하라고 일대의 정력을 다 들여 열렬히 부르짖
었습니다.[19]

다음 날 열린 공판에서 허헌 변호사는 더욱 정연한 논리
를 폈다. '고등법원에서는 이미 보낸 사건이니까 고등법원으
로 다시 송치할 수 없는 일이요 또 고등법원에서 다시 보내
달라고 청구할 권리도 없는 것이다. 내란죄에 속하지 않는 이
상 고등법원에서 다룰 수 없는 것이며 절차적 흠결을 보정하
기 위해 고등법원에 원점 회귀해달라는 것도 불가능하다. 그
러므로 고등법원이나 지방법원에서 처리할 수 없는 사건이
니 당연히 공소를 수리하지 말고 피고인을 석방해야 한다'는
것이다. 검사가 일어섰지만 전날의 논리를 부연할 뿐이었다.
검사는 3·1운동 관련 재판이 쌓여 있고 이 사건과 유사한 사

건에 뛰는 파장이 일파만파라는 우려도 제기했다. 이에 대해 허헌은 검사의 주장은 수속법상 법률 문제임을 무시하는 '언론'에 불과하다고 논박했다. 재판장이 공소수리 여부에 대해 48인의 의견을 묻자, 그들은 시일이 걸리더라도 정당한 법률을 적용해 처리하길 바란다고 답했다. 재판장은 이 문제만 판결하는 기일을 따로 정해 선고한다고 선언한 후 폐정했다. 마침내 8월 9일 재판장은 '본건 공소는 이를 수리하지 아니한다'는 판결을 내렸다.

검사는 물론 항소했고 경성복심법원은 경성지방법원의 공소불수리 판결을 이유 없다며 취소했다. '예심종결 결정문 이유 부분에 송치한다는 말이 나오므로 주문에 사건 송치라고 쓰지 않았더라도 이 사건은 경성지방법원에 송치한 것으로 보아야 한다'는 것이었다. 검사의 주장을 그대로 받아들인 것이다. 경성복심법원은 첫날 변호사들이 제기한 보안법 및 출판법이 효력이 있는지에 대해서도 현재도 유효한 법률이라는 판단을 내렸다. 칙령 제30호에는 '장래를 향하여' 효력을 상실한다고 되어 있으므로, 그 이전에 만들어진 법률에는 소급적용이 안 된다는 것이었다. 이것은 충분히 예상 가능한 판시였다. 보안법이 1911년부터 효력을 잃었다고 판단한다면, 그동안 만세시위 관련 검거자들에 대한 수많은 유죄판결이 무효가 되기 때문이었다.

보통 사람들이 허헌이 제기한 공소불수리론의 법리논쟁을 이해하는 건 쉽지 않은 일이었다. 하지만 허헌이 정연한 법리로 재판부를 궁지에 몰아넣음으로써 결국 경성지방법원이 그의 손을 들어주자 폭발적인 관심을 끌었고 신문들은 대서특필했다. 당시 사람들은 피고인들이 무죄판결이라도 받은 듯이 기뻐했다.

3·1운동 이후 한국인 변호사가 독립운동가를 변론하며 법정투쟁을 벌이는 일은 더 이상 낯선 풍경이 아니었다. 변호사들은 법정 증언보다 고문으로 조작한 검찰의 조서를 더 신뢰하는 판사에 항의했고, 재판 과정에서 일어나는 인권 유린을 문제 삼았다. 변론을 하면서 독립운동의 정당성을 설파하다가 제지당하는 경우도 흔했다. 세상은 이들을 사상변호사, 좌경변호사, 무료변호사라고 불렀다. 그렇게 3·1운동 재판에서 파란을 일으켰던 허헌을 비롯해 김병로, 이인 등이 대표적인 인권변호사였다.

3·1운동은 오늘날 저항문화의 출발점에 해당한다. 오늘날과 같이 집회와 행진을 결합한 시위가 대중화되었다. 등사기로 찍어낸 독립선언서를 비롯한 각종 유인물들이 시위 현장에 뿌려졌다. 각종 깃발과 함께 태극기가 등장했고, 애국가를 비롯한 운동가가 불렸다. 독자적인 시위 준비도 있었지만, 대

부분 종교, 세대, 계층을 뛰어넘어 연대해 시위를 모의했다.
변호사들도 이때부터 법정투쟁을 통해 연대투쟁에 가담했다.

4장

세계

만세시위를 바라보는 세 개의 눈

세계화의 시대다. 세계인이 함께 유튜브를 보며 공감하고 소통하는 보편의 시대다. 지금 세계인은 4·19, 6월 항쟁, 촛불시민혁명으로 이어지는, 일본 식민지로부터 해방된 이후 세 번의 시민혁명에 성공한 한국을 경이로운 눈으로 바라보고 있다. 민주주의가 퇴조하고 극우의 바람이 거세게 불고 있는 유럽에서 지식인들은 한국 민주주의의 역동성에 찬사를 보낸다. 100년 전, 3·1운동 당시를 생각하면 격세지감을 느낀다. 그때 세계는 제국주의와 식민지로 분할되어 있었다.

3·1운동 당시 만세시위 한복판에 있던 한국인이라면 누구나 느꼈을 것이다. '아, 일본의 폭압적 독재하에 숨죽이고 있던 우리 모두는 자유와 평등한 세상을 꿈꾸는 하나의 민족이었구나!' 그렇게 한국인을 감동시킨 3·1운동을 과연 타자인 외국인들은 어떻게 받아들였을까. 세계가 모두 한국인의 독립투쟁에 감동하며 지지를 보냈을까. 세계가 제국주의와 식민지로 분할되어 있는 이상, 그런 일은 일어나지 않았다. 미국, 영국 등 서양 열강은 한국인의 독립투쟁보다는 제국주의 지배하의 식민지에서 일어난 반란이라는 시각으로 3·1운동을 바라봤다. 3·1운동을 한국인의 독립투쟁으로 높이 평가한 것은 제국주의에 신음하는 식민지, 그리고 식민지로 전락할 위기에 처한 민족이요 나라들이었다. 자신이 처한 상황에 따라 3·1운동을 다르게 읽었던 것이다.

서양 열강이 주목한 제암리 학살사건

3월 1일 이후 만세시위가 이어지면서 한국 땅에 거주하던 서양인들은 군인과 경찰의 비인도적 탄압에 대해 듣고 보았다. 그들은 본국 정부와 선교회에 그 참상을 알리기 위해 보고서를 썼다. 다음은 한 미국인이 3월 1일부터 15일까지 보고 들은 얘기를 베이징 주재 미국 공사에 보고한 내용들이다.

일본군이 무저항 인민에게 발포하여 수십 명이 죽었고 수백 명이 부상했다. 교회는 파괴되었으며 일본군은 개인주택에 무단침입했고 유치장에 끌려간 학생들—특히 여학생—대부분은 매를 맞았고 일부는 재판에 회부되기 위해 억류되었다.

선교사가 경영하는 병원 근처에서 머리채를 잡혀 끌려온 소년 2명은 머리카락을 전주에 매어놓고 소방관으로 하여금 심하게 매질을 하게 한 후에 투옥했다.

시골에서보다는 덜 가혹하다는 평양에서조차도 나는 너무 가혹한 장면을 목격했고, 또 목격자들로부터 직접 들었는데 그 참혹상을 차마 글로 옮길 수 없을 정도다.[1]

파란 눈의 목격자들은 본국 정부가 일본 정부에 항의할 것을 요구했다. 그러자 각국 정부는 서울에 주재한 영사관들을 통해 실태 파악에 나섰다. 식민지였지만, 대한제국 당시 서울에 있던 서양 각국의 공사관들이 자국민 업무를 위해 일본에 있는 대사관 산하 영사관으로 재편되어 존속하고 있었다. 서울 주재 미국총영사인 버그홀츠(L. A. Berghlz)는 커티스(R. S. Curtice) 영사에게 마을은 소실되고 주민은 학살되었다는 소문이 도는 수원시 장안면 수촌리의 상황을 조사할 것을 지시했다. 노블(W. A. Noble)을 비롯한 선교사들도 이러한 소문에 대한 진상 파악과 대책을 요구한 바 있었다. 1919년 4월 16일 커티스는 미북장로회 선교사 언더우드(H. H. Underwood), AP통신 서울 특파원 테일러(A. W. Taylor), 테일러의 운전수인 중국인 임씨와 함께 조사에 나섰다. 언더우드는 동행인들을 자신의 차에 태워 직접 운전했다. 한국어 통역도 그의 몫이었다.

커티스 영사 일행은 수촌리에서 가장 가까운 장터인 수원군 향남면 발안장을 눈앞에 둔 곳에서 잠시 멈춰 점심을 먹었다. 그러다 저 멀리 발안장에서 1킬로미터쯤 떨어진 나지막한 언덕 뒤에서 연기가 오르는 것을 발견했다. 언더우드가 가까운 민가들을 방문해 수촌리 사건과 발안리 장터 너머에서 올라오는 연기에 대해 탐문했다. 주민들은 수촌리뿐만 아니라 여러 곳에서 일본군에 의한 학살이 있었기에 겁에 질려 장터에도 나가지 않고 집에서 멀리 떨어진 밭에도 안 간다고 답변했다. 또한 지금 보이는 연기는 전날인 4월 15일 오후부터 향남면 제암리에서 나는 것이라고 알려주었다. 그렇게 커티스 영사 일행은 끔찍한 제암리 학살사건 현장을 우연히 발견했다. 그리고 3·1운동은 제암리 학살사건을 통해 서양에 널리 알려졌다.

제암리 학살사건의 진상은 다음과 같다. 3월 31일 발안리 장날에 장터에서 만세시위가 일어났다. 그날 시위대는 일본인이 다니는 소학교, 우편국, 면사무소를 습격했다. 이에 놀란 일본인 43명은 급히 마을을 떠났다. 사흘 후인 4월 3일에는 장안면 수촌리와 우정면 화수리에서 면사무소를 습격하는 시위가 벌어졌다. 그런데 이날 시위대를 향해 발포했던 일본인 순사 가와바타(川端)가 몰매를 맞아 죽었고 화수리 주재소는 불에 탔다. 헌병과 군대가 바로 보복에 나섰다. 헌병들은 수촌리에 방화했다. 군인들은 발안리, 수촌리, 화수리를 다니며 204명을 검거했다. 4월 13일에는 아리타 도시오(有田俊夫) 중위가 지휘하는 보병 11명이 발안리에 나타났다. 3월 31일 발안리 장터 시위를 주도한 사람들을 체포하기 위해서였다.

4월 15일에는 아리타 부대가 제암리에 나타났다. 아리타 중위는 발안리에 살던 일본인 사사카(佐坂)와 한국인 순사보 조희창을 앞세워 제암리 주민 가운데 15세 이상의 남성들을 제암교회에 모이도록 했다. 미리 명단을 파악한 듯 나오지 않은 사람은 찾아가 불러왔다. 남성들이 교회에 모이자 아리타 중위는 밖으로 나와 사격 명령을 내렸다. 교회를 포위한 군인들은 창문을 통해 사격했다. 사격이 끝난 후 짚더미에 석유를 끼얹어 불을 질렀다. 바람이 세게 불면서 불이 교회 아래쪽 집들에 옮겨 붙었다. 교회 위쪽 집들은 군인들이 다니며 방화했다. 군인들은 다시 마을 건너편 팔탄면 고주리로 가서 천도교인 6명을 총살했다. 이날 학살로 희생된 사람은 지금까지 알려진 바로는 모두 29명이다. 교회 안에서 19명, 밖에서 4명이 죽었다. 고주리에서는 6명이 죽었다. 29명 중 기독교인은 12명, 천도교인은 17명이었다. 그런데 제암리 학살사건에 관한 진상조사가 일제시기는 물론이고 해방 이후에도 제대로 이루어지지 않아 정확한 희생자 수를 확정하기는 어렵다.

사건 정황을 볼 때, 제암리 학살사건은 아리타 부대에 의해 치밀하게 계획된 토벌작전에 따른 것이었다. 하지만 일본 정부는 '조선에 주둔한 지 얼마 안 되어 현지 상황에 익숙하지 못한 일부 군인들이 일본인들의 희생에 흥분하여 일으킨 우발적 사건'이라고 주장했다.

제암리 학살사건 다음 날 아직 연기가 피어오르는 비극의 현장을 목격한 커티스 영사는 4월 21일 버그홀츠 총영사에게 학살 현장에 대한 보고서를 제출했다. 언더우드의 주민 면담 보고서도 함께 냈다. 이틀 후인 4월 23일 버그홀츠 총영사는 미국 국무장관 앞으로 〈일본군이 교회 안에서 한국인 37명 학살〉이라는 제목의 보고서를 제출했다. 5월 12일에는 더 자세히 조사해 보강한 내용을 담아 다시 〈제암리에서의 일본군에 의한 한국인 37명 학살과 촌락 파괴〉라는 제목의 보고서를 제출했다. 버그홀츠는 여기서 제암리 학살사건을 식민 지배에 저항하는 민중에 대한 학살사건으로 정의했다. 이처럼 미국 국무부는 서울 주재 영사관의 공식 보고를 통해 일본의 탄압에 대해 파악하고 있었다. 하지만 공식적으로 일본에 인권 탄압에 항의하는 외교적 조치를 취하지는 않았다.

4월 16일 커티스 영사 일행이 제암리 학살사건 현장을 다녀오면서 그 참상이 알려지자 영국영사관과 프랑스영사관에서도 관심을 보였다. 영국영사관에서는 4월 18일에 현장조사를 다녀온 후 곧바로 조선총독부에 문제를 제기했다. 다음 날인 4월 19일에는 로이즈(W. M. Royds) 영사가 직접 캐나다 출신 선교사 하디(R. A. Hardie)와 게일(J. S. Gale), 일본 도쿄에서 발행되는 영자신문인 《재팬 애드버타이저》의 특파원, 이 지역의 감리교 감독인 노블, 케이블(E. M. Cable), 빌링스(B. W. Billings), 베크(S. A. Beck), 스미스(F. H. Smith) 등과 함께 현장을 방문하고, 그 결과를 주일 영국대사관에 보고했다. 이 보고를 받은 주일 영국대사 그린 경(Sir C. Greene)은 5월 5일자로 영국 외무성에 제암리 학살사건에 대해 보고했다. 주일 영국 대리공사 얼스턴(B. Alston)은 일본 외무차관인 시데하라 기주로(幣原喜重郞)를 찾아가 일본 군경에 의한 학살행위를 중지할 것을 요구했다. 일본 정부는 일본군의 잔학성은 과장된 것이라며 학살 사실을 부인했다. 그러자 얼스턴은 영국 외무성에 두 가지 요청을 했다. 먼저 런던 주재 일본대사관에 문명세계가 일본의 야만성에 대해 느끼고 있는 강렬한 공포감을 전해줄 것을 요구했다. 또한 승전국의 일원으로 파리강화회의에 참석한 일본 대표에게 일본군의 잔학성이 알려질 경우 그것이 회의에 악영향을 미칠 수 있다는 점을 환기시켜줄 것을 요구했다. 하지만 영국 정부 역시 일본에 대한 외교조치는 취하지 않았다.

프랑스영사관에서도 서울 주재 부영사 갈루아(M. E. Gallois)가 1919년 5월 20일에 일본에 있는 주일 프랑스대사 바스트(Bapst)와 프랑스 외무장관 피숑(Pichon)에게 영국영사관과 미국영사관의 보고서와 영자신문의 보도를 토대로 제암리 학살사건에 대해 보고했다. 이 보고서에서 갈루아는 한국에 거주하는 서양인들이 제암리 학살사건의 피해자들을 돕기 위해 모금을 한다고 밝혔다.

서울에서는 이 만행을 믿으려 들지 않았지만 희생자들의 이야기를 듣고 비통해하던 외국인들은 집을 잃고 의지할 곳 없는 희생자들의 가족을 돕는 데 최선을 다하기로 했습니다. 미국 총영사관에서 수차례 모임을 가진 끝에 영국·미국·프랑스 등의 외국인 대표 3명을 선출했고, 이들은 경기도장관을 찾아가 방화사건의 희생자들을 도울 것을 제안했습니다. 마쓰나가(松永武吉) 경기도장관은 조선총독부가 이재민들에게 가옥 복구에 필요한 목재를 무료로 공급하고 부상자들에게는 물자를 지원하고, 가장 피해를 많이 입은 사람들에게는 50원의 급여금을 지급할 예정이라 말하면서, 외국인들은 의류와 식기류를 제공하는 정도의 도움을 줄 수 있을 것이라고 말했습니다. 이에 순식간에 수천 원을 모금해 의류와 식기류를 구입했고, 몇몇은 직접 피해를 입은 주민들을 위해 텐트를 치고 물자를 배급하러 떠나기로 했습니다.[2]

이처럼 서울에 자리한 미국, 영국, 프랑스 영사관들은 제암리 학살사건을 상세히 본국 정부에 보고했고, 인도적 차원에서 조선총독부에 항의했으며, 민간 차원의 모금을 벌여 피해자들을 도왔다. 하지만 보고를 받은 본국 정부들은 일본과 마찬가지로 식민지를 경영하고 있던 제국주의 국가로서 일본에 대해 별다른 외교조치를 취하지 않았다.

본국 정부가 외교조치를 외면하는 동안 선교사들은 본국에 있는 선교본부에 보고서를 제출하는 한편 영자신문에 투고해 사건의 진상을 알리는 데 힘썼다. 3·1운동 첫날부터 시위 장면을 카메라에 담았던 장로교 선교사 스코필드(F. W. Schofield)는 제암리 학살사건 소식을 듣고 4월 18일 제암리로 찾아가 현장 사진을 찍고 〈제암리의 대학살 보고서〉를 남겼다. 수촌리에서 일어난 학살에 관해서도 〈수촌리 학살사건 보고서〉를 남겼다. 그는 이 보고서들을 비밀리에 선교본부에 보내고 영자신문에 익명으로 기고했다. 중국 상하이에서 발행되던 영자신문 《상하이 가제트》는 5월 27일자에 익명으로 〈수원 제암리 대학살〉과 〈수촌리의 연소〉라는 장문의 기사를 실었다. 그 내용이 스코필드의 두 보고서와 같았다.

제암리 학살사건에 대한 최초의 영자신문 보도는 일본 고베에서 발행되던 《재팬 크로니클》4월 20일자에 실린 〈수원 대학살〉이라는 제목의 간략한 기사였다. 이 신문은 4월 29일자에도 〈쇼킹한 만행, 한 기독교 예배당에서 대학살〉이라는 기사를 내보냈다. 5월 3일자에서는 〈팔탄면 대학살 보고〉라는 제목으로 언더우드의 주민 면담 보고서를 상세히 인용해 보도했다. 영국영사와 함께 제암리 현장을 방문했던 《재팬 애드버타이저》특파원은 4월 24일자로 소식을 전했다. 이 보도에 따르면 서양인들이 제암리 학살사건에 주목하자 조선 총독부가 학살의 흔적을 급히 없애려 했다.

마을에 당도해보니 많은 인부들이 현장 청소를 하고 있었는데, 집들을 다시 지으려는 준비 같았다. 불탄 시체들은 모두 옮겨졌고, 매우 서둘러 청소하고 있었기 때문에 우리가 나중에 찾아간 다른 마을과는 현저히 대조적이었다. 그 마을들이란 이달 초에 파괴된 곳들이었다. 우리는 제지받는 일 없이 마음대로 사진을 찍었으나, 마을 사람들에게 말을 걸려고 하면, 경찰이 주위를 배회하는 바람에 한국인이 말을 제대로 하지 못했다.[3]

서양에 제암리 학살사건이 알려진 것은 서울발 AP통신을 인용 보도한 미국의 《뉴욕 타임스》 4월 24일자 기사를 통해서였다.

일본군 한국인 학살 – 일본 총독부 기독교인 살해 및 교회 방화 보도 진상 조사 중.
서울, 4월 23일(AP). 조선총독은 일본군이 서울 동남방 45마일의 촌락에서 남성 기독교인들을 교회에 모이게 한 후 총살하고 대검으로 찔러 무참히 죽였다는 비난을 받고 있

어 진상을 조사 중이다. 또한 일본군은 만행 후 그 마을의
교회와 그 밖의 건물들을 불태워 없앴다고도 한다.[4]

서양에 3·1운동을 처음 알린 언론도 역시 《뉴욕 타임스》
였다. 1919년 3월 13일자에서는 '만세운동이 전국적으로 진
행되고 있고, 이는 예상 밖의 일로 일본 관헌은 돌발적인 사
태에 당황했으나 곧 강경하게 진압하기 시작했으며 많은 사
람이 고문당하고 있다'고 보도했다. 1919년 4월 17일자 기사
는 한성정부 수립 소식을 알렸고, 한국인의 만세시위를 평화
시위 혹은 평화혁명이라고 불렀다.

조선 임시정부 경성에 수립 - 일본군 독립운동 진압에 과잉
조치 보도되다.
베이징 본사 특전, 4월 12일 - 조선임시정부가 경성에 세워
졌다고 한다.
일본 당국은 일본의 만행과 한국인의 평화시위 억압을 폭
로한 미국인 선교사에게 국외 추방까지 위협하면서 날카로
운 반응을 보이고 있다.
상하이, 3월 20일(AP특파원). 일본 통치에 항거하는 평화적
혁명이라고 선언된 조선 내의 반란 사태는 앞으로 여러 차
례의 보도를 통해 미국 정부의 주의를 끌게 될 것이다.[5]

하지만 《뉴욕 타임스》는 한국의 독립에 대해서는 부정적인
논설로 일관했다.

> 이집트와 한국의 독립운동은 인민자치권의 문제와 함께 인
> 민자치 능력의 문제를 제기한다. 한국과 이집트는 다 같이
> 이 능력을 결여하였으므로 일본과 영국의 통치하에 놓였
> 던 것이다. 일본이 한국인을 대할 때에 불필요한 준엄을 표
> 시해 불행한 결과를 초래한 혐의는 없지 않으나 일본의 시
> 정은 유능한 것이어서 한국의 번영을 열어준 것은 숨길 수
> 없는 사실이다. 이제 일본이 한국민에게 자치를 약속하고
> 점차 이를 교도해 진보된 정치사상을 고무하는 것은 바람
> 직하나 만약에 즉시 자치를 허용한다면 한국은 갑자기 무
> 정부상태에 빠질 것이므로 이는 일본에 대해 중대한 위험
> 이 될 것은 명백하다. 따라서 한국에는 잠시 외부로부터 문
> 명적 통치를 행하는 것이 세계 일반의 이익을 위해 필요하
> 다.[6]

미국 상원에서는 "미합중국 상원의원은 한국인들이 그들
스스로가 선택하는 정부를 위한 열망에 동정을 표하는 바이
다"라는 결의안이 상정되었다.[7] 그러나 일본과 같이 식민지
를 경영하고 있던 미국, 영국, 프랑스 등 서양의 제국주의 국

가들은 제암리 학살사건에 대한 보고를 받고도 이를 공식적으로 외교 문제화하지 않았다. 미국의 고위관리는 4월 20일 《크리스천 사이언스 모니터》와의 회견에서 다음과 같이 미국 정부의 입장을 분명히 밝혔다.

> 미국 정부는 한국 문제에 대해 영국과 이집트 사이의 문제를 다루는 것과 동일한 태도를 취할 것이다. 한국 문제는 전적으로 일본의 내정 문제로서 우리 필리핀에 폭동이 일어났을 경우와 다를 바 없다. 폭동을 진압하기 위하여 일본 정부가 사용하고 있는 방법에 관한 각종의 보도는 궁극적으로 그 출처가 어디이건 과장된 부분이 많은 만큼 지극히 조심해서 보지 않으면 안 된다. 국무성이 입수한 정보에 따르면 일본이 특히 과도하게 잔인한 조치를 취하고 있다고는 생각되지 않는다. 이들 과장된 보도는 단지 배일감정을 선동하기 위해 유포되고 있는 것이다.[8]

1차 세계대전을 마무리 짓기 위해 1919년 1월부터 6월까지 파리강화회의가 열렸다. 서양 열강과 일본이 함께한 이 협상 테이블에서 비록 공식적인 안건으로 상정되지는 않았지만, 제암리 학살사건을 비롯한 3·1운동 탄압 과정에서 드러난 잔학상은 일본 대표를 압박하기에 충분했다. 하지만 서양 열강에게 3·1운동은 억압받는 약자의 정의로운 항거가 아니라, 제국주의의 식민지에서 일어난 반란이었다. 냉엄한 국제 현실 속에서 만세시위에 참여한 많은 한국인은 다음과 같이 기대했으나, 이루어지지 않았다.

세계의 모든 신문이 우리의 대규모 대중시위를 보도할 것이다. 열강들이 베르사유에서 이 이야기를 듣게 되면 조선을 내버려두지 않을 것이다. 그들의 양심이 눈을 뜰 것이다.[9]

5·4운동 발발의 자극제가 되다

중국은 누구보다 3·1운동을 예의주시했다. 1919년 1월 18일 파리강화회의가 개막하면서 중국은 산둥성을 일본에 빼앗길지 모르는 절체절명의 위기에 놓였다. 1914년 7월 오스트리아가 세르비아에 선전포고를 하면서 1차 세계대전이 발발하자, 일본은 즉각 참전을 선언하고 중국 산둥성을 점령한 뒤 독일 이권을 접수했다. 이어 일본 해군은 독일령인 적도 이북의 여러 섬들을 점령했다. 반면 중국은 처음엔 중립을 선언했다. 일본에는 산둥성에서 나갈 것을 요구했다. 일본은 이를 거부하고 오히려 중국에 '21개조 요구'를 내밀었다. 이 요구는 일본이 대한제국을 침략하고 지배하는 과정을 연상시킬 정도로 중국의 주권을 심각하게 침해하는 내용들이었다. 서구 열강은 긴장했고 중국은 굴욕적인 요구를 수용했다.

1차 세계대전은 유럽에서 시작되었지만, 동아시아에서 열강은 중국을 둘러싸고 경쟁하며 일본 대 영국·미국이라는 갈등 구도를 형성해갔다. 동아시아를 무대로 한 열강의 외교전은 종전이 가까워질수록 치열해졌다. 일본은 영국, 프랑스, 러시아를 자국 편으로 끌어들였고, 중국에는 참전을 종용했다. 마침내 중국은 1917년 8월 독일과 오스트리아에 선전포고를 했고, 그 대가로 일본으로부터 1억 4500만 엔의 차관을 제공받았다. 1917년 4월 참전한 미국은 유럽에서의 전쟁에 몰두하기 위해 일본과 랜싱―이시이 협정을 체결하여 결국 중국에서의 일본의 특권적 지위를 인정했다. 이처럼 1차 세계대전을 거치면서 동아시아에서의 열강의 대립과 갈등은 일본을 주축으로 조정되었고, 모든 협상 결과는 일본의 입지를 강화하는 방향으로 흘러갔다.

1차 세계대전은 4년여의 전쟁 끝에 1918년 11월 독일이 항복하면서 마무리되었다. 1919년 1월부터 열린 파리강화회의는 1차 세계대전의 전후처리를 위한 회합이었다. 승전국 일본은 미국, 영국, 프랑스, 이탈리아와 함께 최고이사회의 일원으로 모든 회의에 참여하며 옛 독일령인 산둥성과 적도 이북 여러 섬에 대한 지배권을 확정하기 위한 외교전을 펼쳤다. 중국 대표단은 '21개조 요구'는 강압에 의해 받아들여진 것이므로 무효이며, 산둥성도 마땅히 중국에 반환되어야 한다고 주장했다. 하지만 파리강화회의는 일본의 손을 들어주었다. 미국, 영국, 프랑스, 이탈리아 4개국은 4월 22일에 산둥성의 독일 이권을 일본에 넘길 것을 결정했다.

중국인들은 파리강화회의를 지켜보며 국망의 위기감에 휩싸였다. 그 무렵 한국에서 3·1운동이 일어났다. 중국 정치가들은 3·1운동에 관심을 보이며 돕고자 나섰다. 쑨원(孫文)은 중국이 한국의 복국(復國), 즉 독립운동을 원조할 의무가 있다고 주장했다. 광둥 군정부 소속 광둥성국민회의 의원 331명은 베이징 정부에 파리강화회의에 한국 독립 문제를 제기할 대표를 파견하라고 요구했다. '한국 문제는 중국과 절대적 관계에 있는데 지금의 정세는 한국 민족의 권리가 일본에 의해 무시되고 있는바, 만주, 몽골, 산둥도 같은 사정으로 4억 명의 중국 인민도 이제 민족적 위기에 처해 있기 때문'이었다. 국민당 지도자 슈사오지엔(徐紹楨), 왕징웨이(汪精衛) 등이 주도하는 세계화평공진회는 상하이에서 파리강화회의에 대해 토론하고 8개 요구사항을 결의했다. 그중 하나가 한국의 완전한 독립이었다.

3·1운동이 일어나자 중국 전역의 신문과 잡지 들이 다투어 3·1운동 소식을 전했다. 제일 먼저 1919년 3월 5일 상하이에서 발간되는 《신보》, 그리고 베이징에서 발행되는 《신보》와 《경보》에 소개되었다. 신문들은 '서울에서의 시위행진', '한국 국왕의 장례에서의 혁명', '고려인의 혁명 열기' 등의 제목으로 3·1운동 소식을 전했다.

당시 중국 언론은 두 가지 사실에 주목했다. 먼저, 일본의 잔학한 탄압을 강조했다. 상하이에서 발행되는 《신보》에는 사실 확인이 되지 않은 끔찍한 탄압 기사가 실렸다.

> 어린 학생이 오른손에 한국기를 들고 만세를 불렀다. 일본 헌병이 칼로 그의 팔을 잘랐다. 이 학생은 왼손으로 다시 깃발을 집어들고 독립만세를 외쳤다. 일본 헌병이 또한 이 학생의 왼팔마저 잘랐지만, 그는 의연히 독립만세를 불렀다. 그 후에 일본 헌병이 칼로 그의 머리를 내리쳤고 이 학생은 쓰러져 죽었다.
> 여학생들을 모욕하기 위해 강제적으로 그녀들의 옷을 벗기고 나체로 거리에 서 있게 했다.[10]

사실 확인이 되지 않은 소문이 기사화되기는 했으나, 반일 여론이 비등한 가운데 중국 언론은 일본의 탄압을 알리는 데 적극적이었다.

중국 언론은 비폭력 평화시위에도 큰 관심을 보였다. 3·1 운동을 폭력이 없는 평화로운 독립운동이라고 평가했다.

일제가 한국 민중의 무기 소지를 엄금함으로써 한국인은 맹수를 만나도 일본인의 도움이 필요한 상황에 놓여 있었다. 하지만 한국 민중은 모두 맨손으로 시위에 참여했다. 시위 중에는 단지 구호, 전단 살포만 있었을 뿐 폭력행위는 없었다.

이번 조선인의 전국적 독립운동은 국기를 손에 들고 독립을 외쳤을 뿐 작은 무기조차 들지 않고 매우 질서 있게 조금의 폭동의 상태 없이 진행되었다.

한국인들은 선언서 살포, 가두시위, 청원 등 평화적 수단으로 독립과 자유에 대한 갈망을 표현했다. 한국의 지혜롭고 사리에 밝은 사람들은 평화적인 독립운동으로 민족혁명의 신기원을 이루었다.[11]

한 가지 흥미로운 건, 중국 베이징에서 일본 외무성이 발간했던 친일 일간지 《순천시보(順天時報)》의 논조다. 이 신문은

'조선 독립 음모의 중심', '조선 폭동과 과격사상', '조선 폭동 종식' 등의 제목으로 3·1운동을 선교사의 조종에 의해 공산주의 사상을 가진 청년학생들이 일으킨 폭동으로 규정했다.

중국의 지식인들과 학생들은 중국이 놓인 상황과 혁명운동을 성찰하는 차원에서 3·1운동에 대한 많은 논설을 발표했다. 《매주평론》은 3월 16일자에서 3·1운동이 1차 세계대전의 영향을 받은 것이긴 하지만, 준비가 아주 치밀했고 행동이 매우 분명한 것으로 보아 사전의 조직과 훈련을 바탕으로 배양된 힘이 폭발한 것이라고 평가했다. 3월 23일자에서는 머리기사로 3·1운동을 다루며 "결론적으로 조선 사람 가운데 독립운동에 참여하지 않은 사람은 한 사람도 없었다"라고 주장했다.[12] 잡지 《국민》은 1919년 4월호에서 "흉악한 일본 경찰은 총과 칼을 들고 양심을 속인 채 함부로 살해하고 구타했으며, 살인은 날이 갈수록 늘어났고 난타는 날이 갈수록 엄중해졌다. 그러나 조선인은 계속해서 용감하게 전진했으며 그들은 진정 피를 흘릴 줄 알았고 진실로 죽음을 두려워하지 않았다"라고 찬양했다.[13] 후난성에서 마오쩌둥(毛澤東)이 발행한 《상강평론(湘江評論)》은 1919년 7월호에서 "빈 두 주먹으로 국기를 들고 하늘을 향해 만세를 불렀다. 일본 헌병의 간섭과 체포, 살해 등에도 개의치 않았다"라고 높이 평가했다.[14]

3·1운동에 감탄하고 감동한 중국에서도 마침내 항일투쟁이 일어났다. 1919년 5월 4일 3천여 명의 학생들이 천안문 광장과 거리에서 '강화조약 조인을 거부하라', '밖으로 국권을 쟁취하고, 안으로 나라의 도적을 몰아내자', '반드시 산둥의 이권을 회수하자', '21개조 요구를 폐지하자', '일본 상품을 배척하자' 등의 구호를 외치며 시위를 전개했다. 5·4운동은 2개월에 걸쳐 22개 성과 200여 개의 도시로 파급되면서 전국을 뒤흔들었다. 5·4운동에서 가장 중요한 문건인 〈베이징 학계 전체 선언〉에도 3·1운동을 언급하는 대목이 나온다.

조선인은 조선이 독립될 때까지 목숨 걸고 싸우겠다고 외쳤다. 지금 중국은 나라가 존망에 처해 있고 영토가 뺏기는 긴급한 처지에 있는데, 우리가 나라를 구하고 백성을 구원하려는 굳은 결심을 하지 못한다면 이것은 20세기의 인간이 아니라 망종(亡種)인 것이다.[15]

5·4운동의 대표적 선언문에 3·1운동에 대한 높은 평가가 들어 있는 것은 중국에서 신문화운동을 이끌던 대표적인 지식인들도 3·1운동을 예찬하고 나섰기 때문이다. 당시 베이징대학 교수로서 신문화운동을 이끈 《신청년》과 《매주평론》의 편집자였던 천두슈(陳獨秀)는 《매주평론》 1919년 3월 23

일자에 〈조선독립운동의 감상〉이란 글을 발표했다.

　　이번 조선의 독립운동은 위대하고 간절하며 비장한 동시에 명료하고 정확한 관념을 갖추어 민의를 사용하되 무력을 사용하지 않음으로써 세계혁명사의 신기원을 열었다. 우리는 이에 대해 찬미, 비통, 흥분, 희망, 부끄러움 등의 여러 가지 느낌을 갖게 된다. 우리는 조선인의 자유사상이 이로부터 계속 발전하기를 희망한다. 우리는 조선민족이 머지않아 독립자치의 영광을 발견할 수 있을 것으로 믿는다. 우리는 조선이 독립한 다음에도 지금처럼 민의를 이용하되 무력을 사용하지 않는 태도를 지킴으로써 영원히 병사를 한 명 부르지도 않고, 총알 한 발도 쓰지 않고, 세계상 각 민족의 새로운 결합의 모범이 될 수 있기를 희망한다. (……) 이번 독립운동에 참여한 사람들에게 일체 형벌을 가하지 말아야 하며 그래야만 일본인의 문명 정도를 나타낼 수 있다. 이번의 독립운동은 조선인의 정당한 권리이며 모두 일본의 국체에 저촉되거나 일본의 질서와 안녕을 교란시킨 것이 전혀 없기 때문이다. (……) 이러한 조선민족의 빛나는 활동은 그동안 의기소침해온 우리 중국 민족의 치욕을 되돌아보게 한다. 공화정이 실시된 지 이미 8년이 지났지만 일반국민은 단 하루도 명료하고 정확한 의식적 활동을 해본 적이 없다. 시골의 일반 농민들은 감히 목소리를 내지 못하고 제법 목소리 큰 저명인사, 신사, 정객, 상인, 교육계 인사도 모두 공공연히 나라의 주인공인 국민의 자격을 스스로 포기하고 제3자로 전락하여 정국을 적당히 타협 무마할 뿐이다. 이번 조선인의 활동을 보라. 그들이 무기가 없다고 해서 감히 반항하지도 못하고 주인공의 자격을 포기한 채 제3자가 되었는가? 조선인과 비교하면 우리는 진정으로 부끄러워서 몸 둘 바를 모르겠다! (……) 이번 조선독립운동에 참가한 사람은 학생과 기독교도가 가장 많다. 그러므로 우리는 교육 보급의 필요성을 새삼 느끼게 되었으며, 이제는 감히 기독교를 경시하지 못하게 되었다. 그런데 현재 중국의 학생과 기독교도들은 어찌하여 모두 의기소침하여 있는가?[16]

3·1운동이 비폭력 평화시위라는 점을 높게 평가하고 주체로서 학생과 기독교에 주목하면서 국망의 위기를 맞은 중국인에 대해 분발을 촉구하고 있다.

《신조(新潮)》는 베이징대학 학생들이 신문화운동의 일환으로 창간한 잡지인데, 1919년 4월 1일자에 베이징대학 학생인 푸쓰녠(傅斯年)이 한국인의 독립정신을 높게 평가하며 중국 청년의 각성을 촉구한 논설 〈조선독립운동 중의 새로운 교훈〉을 발표했다. 그는 한 달 뒤인 5월 4일 천안문 시위를 이끈 지도자 중 하나다. 5·4운동이란 말도 그가 처음 사용했다. 푸쓰녠은 이 논설에서 3·1운동이 '혁명의 신기원'을 열었으며 세 가지 교훈을 남겼다고 평가했다. 첫째, 비폭력혁명으로서 정의의 결정체라고 평가했다.

> 비폭력의 혁명이라는 것이다. (……) 이번 조선인의 독립운동은 단지 선언문을 발표하는 대회를 열었을 뿐이고, 일본 경찰의 죄악을 힐책하면서도 호미를 피로 바꾸는 무기로 사용하지 않았고, 무기를 자유를 얻는 도구로 사용하지 않았다. 이러한 거사는 오늘날 비록 성공할 수 없었지만, 이처럼 무기를 사용하지 않는 독립운동은 그 가치로 보자면 무기를 사용하는 독립운동보다 훨씬 숭고한 것이다. 무력을 사용하는 독립운동은 효과는 클 수 있지만 수단이 떳떳하지 않기에 이로 인해 결과의 성공이 모든 사람들에게 예상치 못한 나쁜 결과를 가져올 수 있다. 그러므로 무기를 사용하지 않는 조선의 독립운동은 정의의 결정체이다.[17]

둘째, 불가능한 일임을 알고도 실천한 혁명으로서 중국인이 반드시 따라 배워야 하는 정신이라고 평가했다.

> 불가능하다는 것을 알면서도 실천한 혁명이라는 것이다. 약

소민족은 중대한 사건을 맞이할 때마다 가능과 불가능, 역량의 부족과 족함을 묻게 마련이다. 앞뒤를 너무 살피고 따지면 결과는 실패하게 마련이다. 그러나 오로지 대중이 간절히 원하는 일이고 대중이 희망하는 일이라면 불가능할 것이 없고, 역량이 부족하다는 것을 걱정할 필요가 없는 것이다. 비록 최후의 성공은 좀 늦어지는 문제가 있더라도 결국 (그 운동의 의미를) 부정할 수는 없을 것이다. 그러므로 '안 될 것을 알면서도 실천하는 것'의 내면은 사실 '반드시 될 것을 알면서 실천한 것'이라고 말할 수 있다. (……) 모두가 하지 않는다면 어떻게 가능할 수 있겠는가? 모두가 한다면 어떻게 불가능하겠는가? 조선인의 굳센 의지를 보라. 우리가 정말 부끄러워하지 않고는 받아들일 수 없는 상황인 것이다. 조선인의 이러한 정신은 조선인이 최후에는 승리할 것임을 예고하는 것이다.[18]

셋째, 순수한 학생혁명이라는 점을 높이 샀다.

순수한 학생혁명이라는 것이다. 역사적으로 혁명은 학생과 불가분의 관계를 가지고 있다. (……) 학생이 역량이 부족하다고 여기고 군인이나 자본가의 힘을 빌린다면 성공한 이후에 군인과 자본가의 전제정치가 이루어지게 마련이고 결국 이들은 학생의 초심을 뒤집어버리게 되고, 혁명은 완성되지 않는다. 이번 조선독립운동은 조금도 다른 사람들의 역량을 빌리지 않고 단지 일반 학생의 자각심에 의거하여 추진하였으니 정말 가장 순결하고 광명정대한 거사인 것이다.[19]

푸쓰넨은 비록 조선의 독립은 성공하지 못했지만 이 정신만은 반드시 계승될 것이라고 평가하며, 출세에 골몰하는 '입만 살고 마음은 삐뚤어진 신세대'인 중국 학생들을 질타했다.

3·1운동과 5·4운동이 일어날 당시 세계 각지에서는 약소민족, 약소국가의 독립과 해방운동이 고양되고 있었다. 인도에서는 간디가 불복종운동을 본격화했으며, 터키에서는 케말이 이끄는 독립투쟁이 전개되었다. 동아시아에서 일어난 3·1운동과 5·4운동은 일본제국주의에 반대하는 항일투쟁이었다. 물론 그 목적은 각기 달랐다. 3·1운동은 식민지 상태를 극복하고자 하는 독립투쟁이었고, 5·4운동은 국권을 회복하기 위한 구국투쟁의 일환이었다. 1차 세계대전을 거치면서 일본은 제국주의 열강으로서의 지위를 공고히 다지고 있었다. 하지만 3·1운동과 5·4운동으로 일본의 국제적 이미지는 실추되었고, 동아시아 질서 구상에도 차질이 생겼다. 파리강화회의 기간 중에 발발한 3·1운동과 5·4운동은 일본 제

국주의가 항일의 높은 파고를 넘어 한국을 안정적으로 통치하고, 중국을 지배하려는 야망을 실현시키는 일이 결코 순탄하게 진행되지는 않을 것임을 예고했다.

일본의 눈에는 폭동이었다

일본에서는 3·1운동을 어떻게 받아들였을까? 3·1운동이 일어나자 일본의 주요 일간지들은 정부와 군부의 발표를 그대로 보도하거나 동일한 취지의 사설을 게재했다. 한국인의 독립운동이 일부 종교지도자의 음모 혹은 외국인 선교사의 선동에 의한 것이라고 주장한 것이다. 나아가 시위대의 경찰서 습격, 헌병 참살, 순사 학살, 일본인 폭행 등을 자세히 전하며 일본인의 피해를 강조했다. 시위대의 손에 죽은 일본인 헌병은 순국자로 추앙했다. 《오사카마이니치신문》은 1919년 3월 9일자에 평남 성천 시위에서 죽은 헌병분대장 마사이케 가쿠조(政池覺造)를 그의 가족 일화와 함께 소개했다. 같은 날 《오사카아사히신문(大阪朝日新聞)》 역시 성천 시위에서 죽은 마사이케와 함께 평남 강서군 모락장에서 사망한 사토 지쓰고로를 추앙하는 기사를 게재했다. 한 마디로 만세시위는 소요이자 폭동이요 여기에 참여한 한국인은 폭도라고 매도했다. 앞서 살펴본 중국의 반응과는 완전히 달랐다.

일본 언론의 논조를 살펴보면, 3·1운동이 일어나자 처음에는 당황했다. 후쿠자와 유키치(福澤諭吉)가 펴냈던 《지지신보(時事新報)》의 계열사인 《오사카신보(大阪新報)》는 3·1운동을 일본에 대한 배신이라고 일갈했다. '청일전쟁과 러일전쟁 당시 일본은 민중의 생명과 재산을 바쳐 조선을 도왔는데 은혜를 원수로 갚는다'는 것이었다.[20]

원인도 찾았다. 3·1운동은 민족자결주의에 대한 오해에서 비롯되었다는 것이다. 《오사카마이니치신문》은 3월 4일자 논설에서 '1차 세계대전을 기회로 민족자결주의가 고조되자 한국인들이 이를 오해하며 시위를 일으켰다'며 '일본인과 조선인은 원래 한 민족'임을 주장했다. 3월 8일자에는 3·1운동은 '1차 세계대전의 전후처리를 위해 만들어진 민족자결이라는 말을 잘못 받아들여 조선에도 적용될 것이라는 오해에서 비롯된 것'이라는 고쿠보 산가이(國分三亥) 조선총독부 사법부 장관의 발언을 보도했다. 하지만 이것이야말로 일본의 오해였다. 대한제국은 무력이 아니라 외교절차인 조약 체결로 망했다. 이후 한국의 지식인들은 외교가 한 나라의 흥망성쇠를 가른다는 걸 절감했기에 세계정세를 예의주시했다. 조선총독부 기관지인 《경성일보》, 《매일신보》를 읽는 데 만족하지 않고, 일본으로부터 일본 신문과 영자신문을 들여와 구독했다. 중국에서 신문을 들여와 읽기도 했다. 세계정세를 읽어냈고 중국을 둘러싸고 서양 열강과 일본이 벌이는 치열한 외교전을 목도했다. 그리고 1차 세계대전을 마무리하는 파리 강화회의가 열리자 때맞춰 3·1운동을 일으켰다. 윌슨의 민족자결주의가 패전국에만 적용된다는 사실을 알았지만 전후 세계질서 재편 과정에서 독립의 의지를 알리고자 모의했던 것이었다.

　일본 언론은 주동자가 누구인지에도 관심을 보였다.《오사카마이니치신문》3월 4일자에 실린 3월 1일 서울 시위 기사는 다음과 같다.

　　경성 시내에 있는 중등 이상의 각 공사립학교, 즉 사립중앙청년회관, 사립이화학당, 사립배재고등보통학교, 사립경신학교, 공립전수학교, 사립중앙학교, 공립경성고등보통학교, 사립보성고등학교, 사립양정고등학교 생도 일부가 종로통 파고다공원에 집합하였다. 이보다 앞서 조선민족 대표자라 칭하는 천도교 총장 손병희(조선인은 신처럼 존경한다) 외 32명은 어디에서 얻었는지 '파리회의에서 운운'하는 전보가 있다고 하는 불온한 선언서를 발표하였다. 또한 남대문에 격문을 첨부한 것도 즉 손병희 이하의 행위이다. 1일 오후 1시경 종로 명월관 지점(태화관 - 저자)에 집합한 대표자

인 손병희 이하는 그동안 자주 협의를 빙자하여 축하회를
개최했다. 이것을 탐지한 종로경찰서에서는 오후 2시 손병
희 외 몇 명을 체포하여 취조에 착수했다. 이에 공원에 집합
한 학생은 어떻게 행동해야 하는지 망설이고 있던 중 사립
보성고등학교장 윤익선이라는 자가 불온문자를 나열한 신
문지를 인쇄하여 이를 학생 일동에게 배포하고 손병희 이
하가 체포된 사실을 알리자 학생들은 위원을 선두로 추대
하여 공원을 빠져나왔다.[21]

손병희 이하 민족대표들은 2시에 태화관에서 독립선언식
을 갖고 경찰에 연락해 체포되었다. 이 사실을 정확히 보도하
지 못한 신문은 천도교의 교주격인 손병희를 주모자로 지목
했다. 그를 '폭도의 원흉'이고 '다수의 우민을 이끄는 교주'라
비판하는 것은 문명론적 시각에서 한국인이 '사이비종교'인
천도교의 선동에 의해 폭동을 일으켰다는 프레임을 적용하
기 위함이었다. 《오사카아사히신문》은 3월 8일자 논설에서
기독교가 미신에 불과한 천도교와 결탁했다고 비판했다.

조선의 이번 소요는 실로 미신에서 일어난 것이다. 소위 국
왕의 죽음에 임하여 무언가 변괴가 일어난다는 예언적 미
신에 편승하여 일부 무리가 이를 이용하였고 또한 우연히

강화회의에서 민족자결 등의 말이 나온 것을 빙자하여 사상이 단순한 학생이나 순박한 우민을 선동한 것으로써 음모라고 할 만한 대단한 근거가 있는 것이 아니다. 주모자로 지목된 손병희 일파의 천도교는 유교에 기독교를 결합한 식의 이상한 종교이며 그들과 결탁한 기독교 목사도 아무튼 별 볼 일 없는 자들이다. 동학당의 잔당이나 그 외 불평가의 가면에 불과하다.[22]

실제로 조선총독부 내무부 장관 우사미 가쓰오(宇佐美勝夫)는 일본인을 상대하는 선교활동을 펼치던 스미스의 집에서 서양인 선교사들을 만나 기독교가 정치단체에 가까운 천도교의 속임에 빠졌다고 힐난했다. 《오사카아사히신문》 3월 18일자에는 손병희 개인을 '혹세무민하는 무도한 사기꾼'으로 매도하는 기사가 실렸다.

일본 정부에 군자금을 헌납하고 일진회 창설 때 흑막으로 일했던 그가 한일병합이 이루어지자 반기를 들고 배일의 우두머리가 된 것도 그의 야심이 오로지 스스로 제왕이 되는 것이었기 때문이다. 손병희의 안중에는 한국도, 이왕가도 없으며, 또한 일본 정부도 없다. (……) 심지어는 첩의 집이나 요리점에 빠져 있을 때에는 의암 선생은 선술(仙術)로 오늘은 베이징에 내일은 파리로 여행 중이라고 널리 알리고 있다. 그리하여 대부분의 교도는 정말이라고 믿어 고마워하고 있다.[23]

그렇다면 한국인의 '소요'를 어떻게 잠재울 것인가? 무력 진압을 적극 지지하는 논평들이 이어졌다. 일본 정부가 한국인을 너무 온화하게 통치해 3·1운동이 일어났다며 '한국인은 원래 이해하기 어려운 성격을 지니고 있는데, 그것을 무력으로 위압하는 편이 효과적'이라는 것이다. 《주가이쇼교신보(中外商業新報)》 4월 8일자와 《도쿄아사히신문(東京朝日新聞)》 4월 16일자에서는 철저한 진압과 군대 동원을 촉구했다.

이 요란은 세계질서를 파괴하려는 과격주의 사상을 포함하고 있다. 소요 진압을 위해 더욱 강고한 수단이 필요하다. 이미 과격주의가 가미된 요란인 이상 완만한 태도로 임할 수는 없다. 들리는 바로는 우리 정부도 철저한 진압에 나서기로 결정했다고 한다. 이는 우리의 뜻과 일치한다.[24]

일본 법률에 따라 합병 전의 비참함을 면하고 안전하게 생명과 재산을 지킬 수 있게 되었다. 또 교육, 재정, 교통 등 인류생활의 복을 누리게 되었다. 그럼에도 불구하고 흉기를 들고 관아에 방화하고 관인을 살상하는 등 인도를 파괴하는 행위를 자행하고 있다. 이러한 사태를 진압하기 위해 군대를 동원하는 것은 불가피한 일이다.[25]

무력진압에 대한 옹호는 제암리 학살사건이 불가피했다는 주장으로 이어졌다. 일본 언론은 일본 정부가 제암리 학살사건에 대해 폭도가 무장 저항하여 하는 수 없이 발포한 것이므로 정당방위였다고 하는 주장을 그대로 전했다. 일본 정부는 3·1운동이 일어나지 않았다면 제암리 사건도 일어나지 않았을 것이니, 3·1운동을 일으킨 기독교 지도자들이 결국은 제암리 학살의 주범이라는 궤변을 내놓았다. 도미나가(富永德磨) 목사는, 제암리 학살사건이 일본군이 먼저 학살을 한 것이라면 조선총독이 엄중문책을 당해야 하나, 만일 한국인이 일본인의 분노를 도발해서 그런 일이 일어났다면 한국인과 그 일에 관련된 외국인을 비난해야 한다고 주장했다.

만세시위가 장기화되자 그제야 일부에서 3·1운동의 원인으로 무단정치를 주목했다. 《도쿠쇼신문(讀書新聞)》 3월 28일자는 무단통치의 과도한 위력을 비판했다.

병합 이래 거의 9년에 걸친 무단통치는 우리의 위력을 과시하는 것이 지나쳤다. 일본 통치에 비분의 감정을 느끼는 자가 적지 않다. 일본인은 주둔장병은 물론이요 대소관리로부터 보통학교 훈도에 이르기까지 철컥철컥 장검을 차고 시가를 활보하고 있다. 이에 아무리 무지한 야만인일지라도 어찌 내심 유쾌할 수 있겠는가.[26]

《오사카아사히신문》 4월 14일자는 원인 분석에 따른 해결책으로 고압적인 동화주의에서 자치적 문화주의로의 전환을 주장했다.

자유를 경(經)으로 하고 교화를 위(緯)로 하여 정의와 인도의 넓은 지대에 입각하여 인류의 이름으로 주민의 복리를 증진시키는 것을 기약하기 때문에 통치자와 피통치자 사이에 의사감정의 충돌이 있을 리 없다. 고도의 문화는 결과적으로 동화의 열매를 맺을 것이다.[27]

그럼에도 일본의 다수 지식인들은 일본 정부와 언론 편에 섰다. 와타세(渡瀬常吉) 목사는 《신인(新人)》 1919년 4월호에서 3·1운동이 병합 자체에 대한 반대운동은 아니라고 주장했다.

이 소요가 일본이 한국을 '병합'했다고 하는 그 자체에 대한 반대일까. 만약 병합 그 자체를 부정하려고 했다면 병합 당시에 강력한 반발을 보여야 하지 않았겠는가. 병합한 지 어언 10년, 나날이 진보와 발전을 보였고 세간의 평을 보면 실제로 선의의 악정이라는 평가도 있기는 하지만, 아무튼 병합 그 자체에 반대하는 소요라고는 볼 수 없다. 원칙적으로야 일본의 통치를 벗어나서 독립을 이루는 것이 그들이 최종적으로 바라는 바이겠지만 현재로서 그것이 불가능하다는 사실을 그들도 잘 인식하고 있으며 이는 반도인 누구라도 인정할 것이다. 그리고 다른 어떤 나라와 병합하는 것보다는 일본과 병합하는 것을 희망하는 것은 의심의 여지가 없기 때문에 나는 이번 소요를 보며 이것이 병합 자체에 대한 반대운동이라고 이해할 수는 없다.[28]

도미나가 목사는 《기독교세계》 1919년 9월 2일자에서 한국이 스스로 자멸했다고 주장했다.

공정하게 생각하면 한국의 독립은 당분간 무리이다. 솔직히 말해서 한국인은 그동안 자주독립의 시험을 오랫동안 받고 있었으나 스스로 여기에 실패한 것이다. 진실로 한두 사람의 경우를 빼고는 일본인에게 한국을 영유하고자 하는 욕심은 없었다. 중국을 의식하고 러시아를 의식하고 있는 동안에는 그런 일은 꿈에도 생각할 수 없는 일이었다. 중국, 한국, 일본이 나란히 병진해나갈 생각이었으며 충분히 그럴 수 있다고 믿었다. 그런데 한국인은 독립을 지키기에는 너무나 인격이 부족했다. 지도자들은 모두 이기적이어서 남을 생각지 않고 국가의 장래 같은 것은 안중에도 없었다. 그들은 서로 이권을 두고 다투어 평안한 날이 없었다. 그들이 서로 싸우는 바람에 결국 이웃나라 세력을 스스로 끌어들이게 된 것이다.[29]

하지만 문명론적 시각에서 3·1운동을 폄하하는 일본 정부와 언론을 비판하는 일본 지식인들도 소수지만 존재했다. 요시노 사쿠조(吉野作造), 야나기 무네요시(柳宗悦)가 대표적인 인물이었다. 도쿄제국대학 교수 요시노는 3월 19일에 도쿄에 거주하던 백남훈, 변희용, 김준연 등 7명의 지식인을 여명회에 초청했다. 여명회는 1918년에 일본의 민본주의자들이 만든 언론단체였다. 이 자리에서 한국 지식인들은 한국 민족은 독립을 희망하며 일본에 동화될 수 없음을 강조했다. 3월 22일 여명회는 일본의 조선 지배 정책을 비판하는 대중강연을 열었다.

한편 요시노는 《중앙공론》 4월호에 글을 실어 "엄청난 폭동이 있었는데도 조금도 각성의 빛이 보이지 않은 것은 일본

의 양심 마비가 얼마나 깊은지를 말해준다"라고 개탄했다.[30]

그리고 《요코하마보에키신보(橫浜貿易新報)》 6월 15일자에서 한국인들이 3·1운동을 일으킨 것은 애국적 독립심의 발원이며, 손병희 이하 민족대표들은 한국인 사회에서 새로운 위인으로 떠오르고 있다고 평가했다. 덧붙여 손병희에 대한 비판은 조선 통치를 책임진 자들이 3·1운동에 대한 자신의 책임을 회피하기 위한 변명에 불과하다고 주장했다.

> 일부 사람들이 퍼뜨리는 것처럼 손병희라는 남자가 우민의 고혈을 짜서 방탕 삼매경으로 날을 보내고 있다던가, 점점 신도들과 멀리 떨어져 있었다던가, 지금의 천도교는 있어도 없는 것과 마찬가지로 멸망 상태에 있다던가 하는 잘못된 주장에 휘둘려서는 안 된다. (……) 이는 종래 조선 통치의 창작자들이 자신의 투명하지 않은 책임을 면하기 위한 변명으로서는 적당할지 모른다.[31]

나아가 3·1운동이 미국인 선교사의 선동에 의한 것이라는 풍설이 거짓으로 밝혀지기는 했으나, 그것은 한국인에게 자발적으로 독립운동을 일으킬 만한 자질이 있음을 외면하기에 나온 발상이라고 비판했다. 만일 한국인 대다수가 애국적 독립심에 불타고 있다는 것을 자각했다면 좀 더 다른 통치를 했을 것이라는 얘기다. 그는 3·1운동의 원인으로 민족 차별을 꼽았다.

> 한국의 교육은 내지인과 한국인을 차별하여 실시되고 있고 특히 한국인들을 우민시한다. 총독부에서도 한국인을 고등관으로는 발탁하지 않는 불문율이 있고 판사의 말석에는 한국인이 기용되기도 하나 검사 중에는 없다. 그들은 교육을 받아도 장래에 대한 희망이 없고 학교를 졸업해도 하찮은 순사보나 헌병보가 될 정도라는 속설이 있다. 비록 내지인과 같은 지위에 있어도 봉급은 내지인의 3분의 1 정도밖에 받지 못한다.[32]

그의 해법은 한국인에 대한 차별, 무단정치, 동화정치를 철폐하고 언론의 자유를 허용하는 것이었다. 하지만 동화는 불가능하나 일선융화는 가능하다며 한국의 자결권을 강조했을 뿐, 독립을 지지하지는 않았다.

민예운동가 야나기는 《도쿠쇼신문》 5월 20일자부터 24일자까지 〈조선인을 생각한다〉라는 논설을 연재했다. 그는 이 논설에서 3·1운동 당시 체포당한 사람을 법정에서 변호해주는 자가 없음을 개탄하며 '일본인의 형제인 조선인은 일본의 노예일 수 없다'라고 주장했다.

3·1운동이 소강기로 들어서면서 일본 정계에서 조선 통치를 둘러싼 풍파가 일어났다. 일단 조선총독은 식민지 조선에서 전제군주적 지위를 누리는 만큼, 3·1운동이라는 예상치 못한 항쟁이 일어나자 모든 책임을 져야 했다. 데라우치 마사타케(寺內正毅) 총독에 이어 1916년에 부임한 하세가와 요시미치(長谷川好道) 총독이 3·1운동 발발에 대한 책임을 지고 1919년 8월에 사임했다. 일본 정계에서는 헌병경찰제의 위압과 공포에 의한 군벌정치, 무단정치, 압박정치, 군인정치 등을 3·1운동의 원인으로 꼽았다. 당시 일본 수상 하라 다카시는 대안으로 군인이 아닌 관리를 조선총독에 임명하는 방안을 내놓았다. 하지만 일본 육군 창설자인 야마가타 아리토모(山縣有朋)의 반대, 추밀원의 심의 지연 등으로 실패하고 말았다. 문관과 무관 모두 조선총독에 임명할 수 있도록 관제를 개정하고, 육군 대장이 아닌 해군 대장 사이토 마코토(齋藤實)를 조선총독에 임명하는 데 그쳤다.

하라 수상은 사이토 총독이 조선에 부임하기 전에 조선 통치에 대한 자신의 견해를 담은 〈조선통치사견〉을 건네주었다. 역시 핵심은 무단정치를 폐기하는 것이었다. 사이토 총독이 서울에 온 것은 1919년 9월 2일이었다. 남대문역에 도착한 사이토를 제일 먼저 맞은 것은 강우규가 던진 폭탄이었다. 사이토는 9월 3일과 10일에 각각 〈훈시〉와 〈유고〉를 발표하면서 조선 통치의 새로운 방침으로 '문화적 정치의 기초 확립'을 천명했다.

1919년 봄, 한국인에게는 격동과 감동의 시간들이었지만, 세계는 자신의 처지와 이해관계에 따라 3·1운동을 달리 바라보고 있었다. 서양 열강은 제국주의자의 눈으로 제암리 학살사건을 예의주시하면서 일본에 아무런 조치를 취하지 않았다. 식민지로 전락할 위기에 놓인 중국인에게 3·1운동은 신선하고도 강렬한 자극제였다. 일본은 식민지배자의 눈으로 3·1운동을 읽었다. 일본 언론은 3·1운동을 일부 종교인의 선동에 의한 폭동이라고 보도하면서 무력탄압을 비호했고, 조선인을 '폭도'라 부르며 일본인의 피해를 강조해 보도했다. 하지만 시위대에 의해 죽은 일본인 민간인은 한 명도 없었다.

5장

사상

민주주의, 평화, 비폭력을 외치다

평화가 시대의 화두로 떠올랐다. 1953년 정전협정이 체결되었을 때, 한국인들은 삼팔선이 군사분계선으로 바뀌었을 뿐, 분단을 해결하지 못한 것에 대해 울분을 토했고 또한 불안해했다. 그 심리를 스스로 '휴전평화'라 불렀다. 이제 분단과 그로 인한 갈등이 해소되어 휴전 평화를 끝내고 진정한 평화의 시대를 맞을 수 있을까. 100년 전에는 3·1운동이 세상을 향해 이렇게 외쳤다. '한국의 독립이 없이는 동양 평화도 세계평화도 없다.' 독립된 세상이 되어야 평화를 누릴 수 있다는 절박한 호소는 분단을 극복하고 평화가 찾아오기를 바라는 간절한 마음과 맞닿아 있다.

오늘의 평화를 가능하게 한 것은 바로 민주주의다. 대통령 탄핵과 정권 교체를 이뤄낸 촛불시민혁명이 평화시대의 초석을 놓았다. 비폭력 평화시위, 즉 촛불시위는 '대한민국은 민주공화국이다. 대한민국의 주권은 국민으로부터 나온다'라는 헌법 조문을 노래하며 '이게 나라냐'라고 물었다. 이 헌법 제1조 조항은 1919년에 탄생한 대한민국임시정부의 헌법으로부터 비롯된 것이다. 3·1운동은 일본을 민주주의의 적이라 규정했고, 민주주의 논리로 자주독립과 인류평등을 주장했으며, 이를 위한 민주공화국을 탄생시켰다. 나아가 3·1운동은 세계를 향해 한국 독립이 민주주의와 평화를 이루는 길이라 주장했다.

독립선언서, 민주주의를 말하다

1910년 일본은 대한제국을 집어삼키고 식민지로 삼았다. 당시 일본은 입헌군주정의 나라였다. 헌법과 천황이 있었고 의회도 있었다. 하지만 식민지 조선에는 일본 헌법을 적용하지 않았다. 일본 군부가 식민지 조선의 통치권을 장악했고, 육군대장이 조선총독으로 부임했다. 조선총독은 행정, 입법, 사법의 삼권을 모두 장악하고 군사독재 통치를 실시했다. 이를 사람들은 무단정치라 불렀다.

3·1운동 당시 등장한 독립선언서들은 식민권력의 민주주의 탄압을 비판했다. 일본 유학생들이 1919년 2월 8일 도쿄에서 발표한 〈2·8독립선언〉는 일본의 식민지배를 '무단전제이자 부정하고 불평등한 정치'라고 비판하면서 한국인에게 참정권, 집회·결사의 자유, 언론·출판의 자유를 불허하고 신교(信敎)의 자유와 기업의 자유를 구속했으며 행정·사법·경찰 등 모든 통치기관은 개인의 권리를 침해했다고 주장했다. 또한 일본 '정복자'가 인권에 반하는 노골적인 민족 차별을 일삼고 있다고 비판했다.

합병 이래 일본의 조선 통치정책을 보건대 합병 시의 선언에 반(反)하여 우리 민족의 행복과 이익을 무시하고 정복자가 피정복자를 대하는 고대(古代)의 비인도적 정책을 습용하여 우리 민족에게 참정권, 집회·결사의 자유, 언론·출판의 자유 등을 불허하며 심지어 신교의 자유, 기업의 자유까지 불소(不少)히 구속하며 행정·사법·경찰 등 제기관이 조선민족의 사권(私權)까지도 침해하며 공사 간에 우리와 일본 간에 우열의 차별을 설(設)하며 우리 민족에게는 일본인에 비해 열등한 교육을 실시하여 우리 민족으로 하여금 영원히 일본인의 사용자로 만들며 역사를 개조하여 우리 민족의 신성한 역사적 전통과 위엄을 파괴하고 준모(浚侮)하며 소수를 제한 외에는 정부 제기관과 교통·통신·병비 등 기관에 전부 혹은 대부분 일본인을 사용하여 우리 민족으로 하여금 영원히 국가생활의 지능과 경험을 득할 기회를 얻지 못하도록 하니 우리 민족은 결코 이와 같은 무단전제, 부정·불평등한 정치하에서 생존과 발전을 향유하기 불능한지라.[1]

무단전제에 빼앗긴 자유와 정의를 되찾기 위해 우선 나라가 홀로 서야 했다. 〈2·8독립선언서〉에서 독립은 자유와 정의의 획득을 의미했고, 독립운동은 '민족 생존을 위한 자유의 행동'이었다. 1919년 3월 1일에 발표된 〈기미독립선언서〉(이하 독립선언서)의 첫머리는 이렇게 시작한다.

우리는 이에 우리 조선이 독립국임과 조선인이 자주민임을 선언한다. 이로써 세계 만국에 알려 인류 평등의 큰 도의를 분명히 하는 바이며, 이로써 자손만대에 깨우쳐 일러 민족의 독자적 생존의 정당한 권리를 영원히 누려 가지게 하는 바이다.[2]

독립, 자주, 인류 평등, 생존의 정당한 권리 등 민주주의적 가치로 독립의 정당성을 주장하고 있다. 또한 독립선언서는 '영원히 한결같은 민족의 자유 발전'과 '전 인류의 공존동생권'의 가치를 내세워 민족마다의 자유 발전과 인류로서 차별 없는 대우를 강조했다. 독립선언서에 서명한 민족대표들은 재판관이 독립운동을 일으킨 이유를 묻자 민주주의 권리를 박탈당했기 때문이라고 응수했다. 손병희, 오세창 등 천도교 지도자들은 조선총독부가 언론, 출판, 집회, 결사의 자유를 억압하고 한국인에게 항상 압박만 가할 뿐 관리로 채용하지 않는 차별을 일삼고 있다고 비판했다. 그들은 한국인에게 교육, 출판, 언론, 집회의 자유를 허용하고 평등한 대우를 해 달라고 요구했다.

1919년 3월 11일 중국 지린에서 독립운동가들이 발표한 〈대한독립선언서〉는 일본의 전제정치를 비판하면서 독립국으로서 '대한민주의 자립'을 선포했다.

아, 대한은 완전한 자주독립과 신성한 평등복리로 우리 자손과 인민에게 대대로 전해지도록 하기 위하여 이에 다른 민족의 전제의 가혹한 억압에서 대한민주의 자립을 선포하노라.[3]

3·1운동 당시 독립선언서들에 나타난 민족 독립의 정당성 논리는 '구한국 전제(專制)와 일본제국 전제 아래서 오래도록 사모해왔던 민주주의'에 기반해 있었다. 민주주의에 따르면 민족마다 자유와 평등을 누리는 것은 정당한 권리이므로 마땅히 독립해야 한다. 이 주장에 동조하며 수많은 사람들이 만세시위에 나섰다.

우리는 단지 독립과 민주주의만을 요구하고 있을 뿐이다. 이것은 어느 민족이나 천부적으로 가지고 있는 권리이다. 우리는 무기를 든다든가 폭력을 써서 대항하는 것이 아니다. 우리의 정당한 요구는 거부될 수 없다.[4]

3·1운동은 1919년의 시점에 이미 자유와 평등이라는 민주주의 가치를 체득하고 있었기에 가능했던 거족적 독립투쟁이었다. 민족의 독립과 자치를 열망하는 민주주의적 의지는 민족자결주의라는 개념에 응축되었다. 1919년 3월 연해

주에서 대한국민의회 명의로 발표한 〈선언서〉는 제국주의를 비판하면서 민족자결론의 시각에서 독립의 정당성을 설파하고 있다.

소위 제국주의와 침략정책은 파리회의와 함께 영원히 소멸할 것이며, 정의 인도의 자유주의는 이로써 시세가 되어 더욱더 밝게 빛날 것이다. 바꾸어 말하면 금일의 세계는 윌슨 씨가 제창한바 민족자결주의의 시대라. 고로 동서양의 어느 민족을 막론하고 강포한 이민족의 병탄을 받는 자는 진실로 자치의 능력과 독립의 자격이 있다면 그 기반에서 벗어나 자주자결하는 것이 천하의 공리이다. 병탄한 강국도 그 민정에 따라 독립을 돌려주고 함께 자유와 행복을 사랑하는 것이 또한 천하의 공리이다.[5]

1차 세계대전이 끝날 무렵 등장한 민족자결주의는 한국인은 물론 세계인의 주목을 받았다. 1917년 러시아혁명을 일으킨 직후 레닌(V. Lenin)은 러시아 내 100여 개 소수민족에 대해 민족자결을 원칙으로 하는 '러시아 제민족의 권리선언'을 선포했다. 1918년 초 윌슨 미국 대통령은 전후 패전국의 식민지 문제 처리 방안으로 민족자결주의를 내놓았다. 한국인은 민족자결주의를 어떻게 이해했을까? 1922년에 나온 시사

용어사전인 《현대신어석의》는 민족자결주의를 이렇게 정의
했다.

> 세계 속에 존립하는 크고 작고 강하고 약한 여러 민족은 모
> 두 각각 자유 자결을 행할 권리를 가진 자이므로 강대민족
> 이 단지 약소민족의 자유와 독립을 속박하는 것은 세계평
> 화상 허용되지 못하는 일이다. 그러므로 영원한 세계평화를
> 위하여 또 각 민족의 행복을 위하여 각자의 존립은 각자의
> 자결로 행한다는 주의[6]

세계에 존재하는 모든 민족은 행복을 위해 자유롭게 살아
갈 권리를 가진다. 이 민주주의 관점의 민족자결주의가 독립
투쟁을 이끌었다. 당시에 민족자결주의가 갖고 있던 보편 가
치에 주목한 일본 유학생 고영환은 민족자결주의를 '국제적
데모크라시'라 해석했다.

1919년 3월 17일 연해주에서 대한국민의회가 발표한 〈조
선독립선언서〉는 일본을 민주주의의 공적이라 비판했다. 나
아가 민주주의라는 보편적 가치로 볼 때 세계의 모든 민주주
의자는 독립투쟁에 나선 '우리 편'이라고 선언했다.

> 일본의 군국주의 발전은 세계의 평화, 세계적 민주주의의

대이상의 확립, 정의 및 민족의 자유로운 문명적 발전의 이름으로 용인할 수 없는 바이며 세계 민주주의도 이 문제에 대하여는 반드시 그 정대하고 엄숙한 한 마디를 밝혀야 할 것이다. (……) 우리는 자유를 위하여, 정의를 위하여, 일반적 평화를 위하여, 또 인류최선의 이상을 위하여, 압제자 및 폭학자에 대해 용감히 분투하고자 한다. 세계의 모든 민주주의자는 다 우리 편이다.[7]

일본 군국주의에 맞서 싸우는 독립운동은 곧 자유, 정의, 평화를 실현하기 위한 민주주의 투쟁이었다. 3·1운동 당시 독립선언서를 작성한 이들은 그렇게 생각했다.

민주공화국으로 가는 길

3·1운동 당시 독립선언서들이 주장한 민주주의는 헛된 꿈이 아니었다. 전국적으로 만세시위가 일어나고 있던 1919년 4월 11일 바다 건너 중국 상하이에서 민주공화국인 대한민국 임시정부가 수립되었다. 그렇게 민주공화국은 3·1운동의 결과가 아니라 3·1운동의 과정 속에서 탄생했다.

1910년 대한제국이 망하자 중국을 대표하는 지식인인 량치차오(梁啓超)는 이렇게 개탄했다.

> 조선 멸망의 최대 원인은 사실 궁정에 있다. 오늘날 세상의
> 입헌국들에서 군주는 정치적 책임이 없고 약정도 할 수 없
> 다. 그러므로 어질고 어질지 못함은 한 나라의 정치와 큰 관
> 계가 없다. 전제국가의 경우는 이와 다르다. 국가의 명운이
> 전부 궁정에 달려 있다.[8]

그의 진단에 따르면, 대한제국은 전제군주제 국가에서 입
헌군주제 국가로 전환하지 못했기 때문에 망했다. 고종이 꾸
준히 제기되던 입헌군주제 요구를 묵살하면서 민주주의적인
정치개혁의 길을 잃어 대한제국이 패망했다는 것이다.

그렇게 황제의 나라인 제국이 망했다. 한국인들은 망국을
슬퍼하기보다는 독립의 길을 이끌 임시정부 수립에 나섰다.
이제 더 이상 왕이 존재하지 않는 정부를 꿈꿨다. 대한제국이
망하기 직전부터 임시정부를 수립하자는 주장이 등장했다.
1910년 7월 6일자 《신한민보》 사설은 '현 정부가 일본에 투
항한 지가 이미 오래되었는바, 우리는 인민의 정신을 대표하
여 우리의 복리를 도모할 만한 정부를 세울' 것임을 선언했
다. 《신한민보》는 미국에 사는 한인들의 자치기관인 대한인
국민회가 발행하는 신문이었다. 한일병합조약이 체결된 직후

인 1910년 9월 21일자《신한민보》에는 "우리 손으로 자치하는 법률을 제정하며, 공법에 상당하는 임시정부를 설치하는 것이 급선무"라는 주장이 다시 실렸다.[9] 10월 5일자에는 '대한인의 자치기관'인 대한인국민회가 자치능력을 키워 임시정부의 역할을 해야 한다는 제안이 실렸다. 대한인국민회가 한국인을 대표해 입법, 행정, 사법의 3대 기관을 두고 자치기관의 역할을 하자는 구체적인 방안도 제시했다.

이듬해《신한민보》주필인 박용만은 무형국가론을 내놓았다. 외국에 살고 있는 한인들이 다 같이 헌법과 행정기관을 마련하고 개개인에게 의무와 권리를 부여하는 무형의 국가를 만들자고 주장했다. 또한 대한인국민회를 무형의 국가를 이끄는 무형의 정부로 삼자고 제안했다. 무형국가론이 지지를 받으면서 대한인국민회를 무형정부로 확대·개편하는 구체적인 방안도 나왔다.

(대한인국민회) 중앙총회는 곧 가정부(: 임시정부)가 되어 행정기관의 머리가 되고, 각 지방총회는 총독부가 되어 정부 명령에 따라 각 지방을 관할하고, 또 각 지방회는 지방 정청(政廳)이 되어 민권을 통해 자치하고, 자치제도와 대의제도로 헌법을 만들어 우리 인민 된 자는 남녀노소를 물론하고, 다 그 안에 있어 상당한 세납으로 동일하게 담당하여 가정

부 국고금을 만들어 모든 일을 다스리게 하고자 함이라.[10]

이 논설에서 언급한 대한인국민회 중앙총회는 1912년 11월에 출범했다. 대한인국민회 중앙총회는 해외 한인을 대표하는 자치기관임을 천명했다. '형식으로서의 대한제국은 망했으나 정신적으로 민주주의 국가로 발흥'하고자 하는 해외 한인들의 최고기관이라는 것이다. 대한인국민회 중앙총회는 중앙총회, 지방총회, 지방회의 체계를 갖추었고 중앙총회 임원과 미국, 하와이, 만주, 연해주 등에 설치한 지방총회 대표원으로 구성되었다. 미국 정부는 대한인국민회를 한인 자치기관으로 공인했다. 하지만 미국은 한반도로부터 너무 멀리 떨어져 있었다. 대한인국민회는 끝내 해외 한인을 포괄하는 임시정부로 발전하지 못했다.

연해주 한인들도 임시정부 수립운동을 전개했다. 권업회는 1911년 12월 연해주에서 결성된 한인 결사체였다. 권업회는 1차 세계대전이 일어나자 이를 독립의 기회로 받아들였다. 곧바로 대한광복군 정부를 수립했으나, 일본과의 마찰을 피하려는 러시아 정부의 저지로 해산했다. 중국에서도 1차 세계대전이 일어나자 독립운동가들이 독립의 기회라 여기며 임시정부 수립을 시도했다. 1915년 3월 상하이에서 결성된 신한혁명당은 1차 세계대전이 독일의 승리로 끝나리라 예상했다. 나아가 독일은 유럽에서의 승리에 만족하지 않고 중국과 함께 일본을 공격할 것이라 전망했다. 이때가 한국이 독립할 절호의 기회가 될 수 있는데, 승전국이 될 독일이 제정체제인 점이 문제였다. 신한혁명당은 공화정치를 지향하나, 일단은 제정체제를 표방하며 고종을 망명시켜 임시정부를 수립할 준비에 나섰다. 하지만 독일이 패하고 고종을 만나러 국내에 잠입한 밀사가 체포되면서 계획은 수포로 돌아갔다.

1917년 7월 상하이에서는 박은식, 신채호, 김규식, 조소앙 등 14명의 독립운동가가 〈대동단결선언〉을 발표했다. 〈대동단결선언〉은 해외 한인의 대표자회의를 열어 독립운동의 최고 기관으로 공화정체의 임시정부를 건설하자는 내용을 담고 있었다. '민족의 자주독립과 평등복리를 실현하는 공화정체를 만들고자 헌법을 제정하고 민정에 부합하는 법치를 실행하자'는 것이었다.

인류의 비극인 1차 세계대전은 전제주의에 대한 민주주의의 승리로 막을 내렸다. 한국인들은 '우리도 죽거나 썩은 체하지 말고 머리를 들고 일어나 민주주의의 승리를 축하하자'며 앞날에 희망을 품었다. 공화정은 이제 돌이킬 수 없는 대세였다. 1906년 청 정부는 입헌군주제로의 전환을 약속했다. 1911년에 일어난 신해혁명은 입헌군주제를 건너뛰고 곧바로 공화정의 시대를 열었다. 1차 세계대전이 끝나면서 1918

년에는 폴란드공화국, 체코슬로바키아공화국 등이 들어섰다. 독일에서도 1918년 제정이 무너졌고 이듬해에 바이마르공화국이 탄생했다.

임시정부 수립운동은 3·1운동이 일어날 무렵에 더욱 활발히 일어났다. 먼저 러시아혁명으로 결사의 자유가 허용되면서 1917년 12월 연해주에서 결성된 한인 자치단체인 전로한족회 중앙총회가 임시정부 수립운동에 나섰다. 3·1운동이 일어나기 나흘 전인 1919년 2월 25일에 전로한족회 중앙총회 상설위원 15명이 니콜리스크에서 대한국민의회를 결성했다. 의장에는 전로한족회 중앙총회 회장인 문창범이 선출되었다. 대한국민의회는 '의회'라는 이름을 붙였지만, 실제로는 삼권, 즉 입법, 행정, 사법 기능까지 하나의 기관에 담아낸 대통령제를 지향했다. 1차 세계대전이 끝날 무렵 체코슬로바키아에서 탄생한 국민의회를 모델로 삼은 임시정부였다. 대한국민의회는 만세시위가 한창이던 3월 17일에 공식 출범했다.

국내에서는 먼저 3·1운동을 준비한 천도교에서 임시정부 수립운동을 전개했다. 1919년 3월 3일자로 천도교가 발행한 《조선독립신문》 2호에는 임시정부 조직과 임시 대통령을 선출한다는 소식이 실렸다. 그리고 천도교를 포함한 종교계와 유림들이 함께 한성정부 수립에 나섰다. 이들은 3월 17일에 모여 민주공화정 수립의 절차와 방법을 논의하고 정부 조직과 각료 명단을 확정했다. 그리고 4월 2일 인천 만국공원에서 13도 대표자회의를 열어 한성정부 수립을 선포하기로 결의했다. 하지만 13도 대표자 회의는 성원 부족으로 제대로 치러지지 못했고 한성정부 수립 선포는 연기되었다. 4월 23일 13도 대표가 다시 모여 한성정부 수립을 선포하는 국민대회를 열고자 했으나 소규모 시위를 벌이는 데 그치고 말았다. 하지만 중국 신문인《톈진대공보(天津大公報)》4월 11일자와《상하이시보(上海時報)》4월 16일자 및 5월 2일자에 한성정부 조직과 각료 명단이 실리는 등 한성정부의 존재는 국외까지 알려졌다.

4월 17일에는 평안북도 선천, 의주, 철산 등지에 〈신한민국정부선언서〉가 뿌려졌다. 신한민국은 국내와 간도, 연해주의 독립운동가들이 함께 추진한 임시정부였다. 이들은 서울에서 일어난 한성정부 수립운동에 결합하여 통일된 임시정부를 만들고자 했다. 하지만 양자의 협상이 결렬되자, 4월 초에 강대현을 상하이로 보내 임시정부 수립을 준비하고 있는 독립운동가들에게 신한민국정부안을 제시했다.

전단으로만 존재하는 임시정부도 있었다. 이를 '전단정부'라 부른다. 4월 10일 서울에는 조선민국임시정부 명의의 〈조선민국임시정부조직선포문〉, 〈조선민국임시정부창립장정〉

등이 살포되었다.《지린공보(吉林公報)》1919년 4월 15일자에 등장한 고려임시정부안, 미국의 대한인국민회가 발간하는《신한민보》1919년 4월 5일자에 등장한 대한공화국안 등도 일종의 전단정부였다.

이제 황제의 나라는 존재하지 않았다. 대한국민의회, 한성정부, 신한민국정부, 조선민국, 고려임시정부, 대한공화국 모두가 민(民)의 나라, 바로 민국을 표방했다. 모두가 한결같이 민주와 공화의 나라를 꿈꿨다.

민주공화국의 탄생

중국 상하이에서도 독립운동가들이 임시정부 수립을 준비하고 있었다. 상하이에는 망명한 독립운동가가 많이 거주하고 있었다. 1919년 2월 말에 3·1운동을 준비하던 기독교 지도자들이 현순 목사를 상하이로 보냈다. 현순은 3월 1일에 상하이에 도착했다. 그는 먼저 국내에서 가져간 운동자금으로 프랑스 조계에 임시사무소를 차리고 그곳에서 임시정부 수립을 준비했다. 3월 26일과 27일에 잇달아 열린 모임에서 참석자들은 임시정부를 즉각 수립하자는 측과 민족대표 33인의 뜻을 기다렸다가 결정하자는 측으로 갈렸다. 신속히 임시정부를 세우자는 쪽이 다수였다.

마침내 4월 10일 임시정부를 세우기 위한 사전절차로서 임시의회격인 임시의정원을 구성했다. 임시의정원은 국호를 대한민국으로 정했다. '대한'은 일본에 빼앗긴 대한제국에서 따온 국호로 잃어버린 나라를 되찾는다는 의미를 담고 있었다. '민국'은 왕이 없는 정체, 즉 공화제를 따르는 나라라는 뜻을 갖고 있었다. 이튿날인 4월 11일에는 〈대한민국임시헌장〉(이하 임시헌장)이 반포되고 민주공화국인 대한민국임시정부가 수립되었다.

'제1조 대한민국은 민주공화제로 한다'로 시작되는 임시헌장을 만든 이는 조소앙이었다. 조소앙은 1912년 메이지대학 법학과를 졸업하고 이듬해에 중국으로 망명했다. 그는 앞에 나왔던 〈대동단결선언〉과 1919년 3월 11일 중국 지린에서 대한독립의군부 주도하에 독립운동가 39명의 명의로 발표한 〈대한독립선언서〉의 작성자였다. 조소앙은 이 선언들에서 조선민족의 주권은 소멸하거나 다른 민족에게 넘겨준 적이 없다고 주장하며 '대한민주의 자립'을 선포한 바 있었다. 3·1운동이 확산되자 조소앙은 지린에서 상하이로 건너가 헌법을 만드는 작업을 주도했다. 조소앙은 임시정부 설립의 정당성을 한국인이 직접 행동으로 주권을 행사한 3·1운동에서 찾았다. 그리고 대한민국은 민주공화국임을 명시한 '헌법'인

임시헌장을 내놓았다.

제1조 대한민국은 민주공화제로 한다.

제2조 대한민국은 임시정부가 임시의정원의 결의에 의하여 이를 통치한다.

제3조 대한민국 인민은 남녀 귀천 및 빈부의 계급이 없고 일체 평등하다.

제4조 대한민국 인민은 종교, 언론, 저작, 출판, 결사, 집회, 통신, 주소 이전, 신체 및 소유의 자유 등을 향유한다.

제5조 대한민국 인민으로 공민 자격이 있는 자는 선거권 및 피선거권을 가진다.

제6조 대한민국 인민은 교육, 납세 및 병역의 의무를 가진다.

제7조 대한민국은 신(神)의 의사에 의하여 건국한 정신을 세계에 발휘하며, 나아가 인류의 문화 및 평화에 공헌하기 위하여 국제연맹에 가입한다.

제8조 대한민국은 구황실을 우대한다.

제9조 생명형, 신체형 및 공창제를 전부 폐지한다.

제10조 임시정부는 국토 회복 후 만 1년 내에 국회를 소집한다.[11]

제1조에서는 민주공화제를 선언하고 제2조에서는 대의제
를 천명했다. 제3조의 평등권, 제4조의 자유권, 제5조의 참정
권 등은 인민의 기본권에 해당한다. 제6조에는 교육·납세·
병역 등의 국민의 의무를 규정했다. 제9조에서는 사형, 고문,
태형과 더불어 공창제와 같은 반인권적인 제도를 없앨 것을
규정했다. 공창제란 국가가 공인하는 성매매제도를 말하는
데, 일본의 공창제가 식민지화와 함께 조선에 들어왔다. 간결
하지만, 민주주의 국가가 갖추어야 할 최소한의 요건을 담은
헌법이었다.

제1조에 등장하는 민주공화제는 대한제국기부터 등장한
정체였다. 일본 유학생들이 1907년 만든 《대한유학생회보》
는 미국을 '민주공화국의 개조(開祖)'라고 표현했다. 계몽운
동가인 원영의는 민주공화정을 가장 진화된 통치 형태라 불
렀다. 1914년에는 대한인국민회 하와이 지방총회가 발간한
《국민보》가 '대조선 민주공화국 정부를 세울 기초'에 관한 논
설을 내놓았다. 그럼에도 민주공화제는 당시 일본만이 아니
라 신해혁명 이후 중국에서 나온 헌법안들에는 없던 개념이
다. 임시헌장을 기초한 조소앙은 민주공화제를 '인민의 이익
을 기초로 하여 정치적 권리를 균등화하고 국민을 균등하게
정치에 참여시키는 가장 좋은 제도'라고 보았다.

임시정부가 수립되고 임시헌장이 '민주정'을 선포하자 '오

래도록 민주주의를 사모해왔던 한국인들이 미친 듯 취한 듯 기뻐했다'고 한다. 1941년에 임시정부가 발표한 〈대한민국 건국강령〉은 임시헌장에 대해 "다른 민족(일본)의 전제를 뒤집고 군주정치의 낡은 관습을 파괴하고 새로운 민주제도를 건립하여 사회 계급을 소멸하는 첫걸음을 내디뎠다"라고 평가했다.[12]

해방 직전 서울에 살았던 소련인 샤브쉬나는 임시헌장에 대해 민족해방과 민주주의를 추구했다고 평가했다.

> 국내에 매우 빨리 알려졌던 헌법은 그것의 민주적인 내용으로 관심을 끌었다. 헌법은 부르주아 민주주의에 토대를 두고 있었지만 그러나 사실 인민 앞에 제기되어 있던 과제들은 무엇보다도 먼저 민족해방과 총체적 민주주의였다. 헌법은 그 과제들을 공포했고 여러 계층들의 이해관계를 통합하고 있었다.[13]

상하이임시정부는 안창호 내무총장을 중심으로 임시정부 통합운동에 나섰다. 연해주에 있는 대한국민의회와 통합하되, 한성정부의 내각 명단을 수용하는 방식을 취했다. 대한국민의회의 양대 세력인 문창범계와 이동휘계 중에 후자가 통합 임시정부에 참여했다. 통합 임시정부는 상하이에 두고 대한민국임시정부라 부르기로 했다. 임시의정원은 9월 6일 〈대한민국임시헌법〉을 마련하고 한성정부 명단에 따라 대통령 이승만, 국무총리 이동휘를 비롯한 내각을 선출했다. 〈대한민국임시헌법〉 제2조에는 처음으로 주권 규정이 들어갔다. '대한민국의 주권은 대한 인민 전체에 있다'는 조항이 그것이다. '대한민국은 민주공화국이다. 대한민국의 주권은 국민으로부터 나온다'는 오늘날의 헌법 제1조가 이때 탄생했음을 알 수 있다.

안창호는 1920년 임시정부 신년축하회 연설에서 민주공화국 탄생의 감격을 이렇게 전했다.

오늘날 우리나라에는 황제가 없나요? 있소. 대한 나라의 과거에는 황제는 1인밖에 없었지마는 금일은 2천만 국민이 모두 황제요, 제군 모두가 황제요. 황제란 무엇이오. 주권자를 이름이니 과거의 주권자는 오직 한 사람이었지만, 지금은 제군이 다 주권자외다.[14]

이제 민주주의는 대세였다. 독립을 염원하는 민족에게 민주주의는 독립 후 건설할 새로운 국가가 추구해야 할 가치였다. 중국에서 활약한 독립운동가 김산은 당시 분위기를 이렇게 전했다.

비록 달성하려는 방법은 달랐지만, 모든 한국인들은 오로지 두 가지를 열망하고 있었다. 독립과 민주주의. 실제로 그것은 오직 한 가지만을 원하는 것이었다. 자유. 자유라는 말은 자유를 알지 못하는 사람들한테는 금덩이처럼 생각되는 것이다. 어떤 종류의 자유든 한국인들에게는 신성한 것으로 보였던 것이다. 그들은 일제의 압제로부터의 자유, 결혼과 연애의 자유, 정상적이고 행복한 삶을 살아갈 자유, 자기 삶을 스스로 규정할 자유를 원했다. 무정부주의가 그토록 호소력을 가질 수 있었던 것은 이 때문이다. 광범위한 민주주의를 향한 충동은 조선에서는 그야말로 강렬한 것이었다. (……) 우리들 사이에는 민주주의가 남아돌 정도로 많았다.[15]

식민 상태를 벗어나고자 하는 독립의 희망 속에 민주주의의 미래가 함께했던 것이다.

독립이 곧 평화다

3·1운동은 민주주의적이면서 또한 평화로운 세상을 갈구했다. 무엇보다 한국인에게는 동양평화와 세계평화를 이끌어갈

능력이 있음을 만천하에 공표했다.

> 우리 조선민족은 4천 2백 년간 자주독립의 국가와 특수한
> 창조적 문화의 위대한 역사를 가지고 정의와 인도를 존중
> 하는 평화적 민족이라. 실로 세계 문명의 한 주주이며 인류
> 진화의 한 조수(助手)이다. 당당한 세계적 존영과 건전한 국
> 민성의 정화로서 결코 이민족의 비인도적이고 부자연스러
> 운 겸제(箝制)에 눌려 동화될 자가 아니다.[16]

1919년 2월 8일 도쿄에서 유학생들이 발표한 〈2·8독립선
언서〉는 "정의와 자유를 기초로 한 민주주의의 선진국의 모
범을 좇아 새로운 국가를 건설한 후에는 건국 이래 문화와
평화를 애호하는 우리 민족이 세계의 평화와 인류의 문화에
공헌하게" 될 것이라 천명했다.[17]

3·1운동 당시 한국 독립은 곧 동양평화의 실현이라는 평
화담론이 광범하게 퍼져 있었다. 대한국민의회가 1919년 3
월에 발표한 〈선언서〉는 '동양의 평화는 한국의 자주독립에
있다'라고 단언했다.

> 우리 한국은 아주 대륙의 동북에 자리하고 삼면이 바다로
> 둘러싸여 있고 동양에 출입하는 문호이며 지리상 중요한

위치를 차지한다. 그러므로 한국은 대세의 변천이 실로 동양평화와 가장 관계가 있는 곳이다. 이제 만일 일본이 빨리 우리의 독립을 인정하지 않는다면 자유를 사랑하고 독립을 사랑하는 우리 2천만 동포는 독립에 죽을지언정 부속에서 살지는 않는다. 저들과 혈전하지 않을 수 없고 죽은 뒤에야 그칠 것이다. 만일 부득이하다면 일파가 평온하지 않음에 만파가 반드시 일어나는 것처럼 동양이 수라장으로 바뀌고 세계평화는 결코 영구히 얻지 못할 것인즉 이는 누구의 허물인가. 이에 또한 일본은 한국을 병탄한 이후 야심이 발발하여 소위 군국주의와 대아시아주의를 적극 진행하여 유럽 전쟁의 틈을 타 중국을 위협하여 이권을 박탈하고 시베리아에 출병하여 세력을 신장해서 동양평화는 거의 파괴에 이르렀다. 이로써 보건대 동양의 평화 또한 한국의 자주독립에 있다.[18]

1919년 3월 1일 서울에서 발표된 독립선언서도 2천만 조선인을 위력으로 구속한다면 '동양의 영구한 평화'는 보장할 수 없다고 선언했다.

동양평화론 하면 떠오르는 인물이 안중근이다. 그는 1909년 10월 26일 하얼빈역에서 이토 히로부미를 사살했다. 안중근은 신문 과정에서 이토를 암살한 목적은 한국의 독립과 동아시아의 평화를 지키기 위해서였지 절대 이토에 대한 사적 원한에서 비롯된 것이 아니라는 점을 강조하며 이토의 열다섯 가지 죄를 열거했다. 그중 하나가 동양평화를 파괴한 죄였다. 안중근은 동양평화는 각국이 자주독립하고 있는 상태이며, 동양의 한 나라라도 자주독립을 할 수 없는 상태라면 동양평화라고 말할 수 없으니, 동아시아 여러 국가의 자주독립이 동양평화의 조건이라고 주장했다.

안중근은 뤼순 감옥에서 〈동양평화론〉을 저술했다. 여기서 안중근은 지역적으로 인접한 황색인종인 동아시아 3국이 대등한 관계로 제휴하여 서구 제국주의의 아시아 침략에 대항해야 한다고 주장했다. 3국이 대등한 관계로 제휴하기 위해 대한제국과 청은 긴밀히 협력해야 하며, 일본은 대한제국에 국권을 반환하고 청에는 뤼순을 반환해야 한다고 촉구했다. 나아가 한청일이 공동으로 관리하기 위한 동양평화회의를 뤼순에 설치해 평화의 근거지로 삼을 것을 제안했다. 나아가 안중근은 동양평화를 이룬 후 동서양이 모두 참여하는 국제법과 국제기구를 마련한다면 세계평화도 이룩할 수 있다고 주장했다.

3·1운동을 거치면서 안중근이 주장한 동양평화론은 독립의 정당성을 뒷받침하는 논리로 확고히 자리 잡았다. 3·1운동 무렵 상하이에 머물며 대한민국임시정부에 참여했던 여

운형은 만세시위가 잦아들자 일본으로 건너갔다. 그곳에서 일본 정계 인사들을 만나 한국의 독립이 곧 동양평화의 전제 조건이라는 점을 분명히 했다.

> 한일병합이 동양평화 파괴의 근원이 되었으므로 조선독립 이 곧 동양평화의 보장입니다.[19]

'평화의 보장은 오직 실력이 있어야 가능한데, 조선은 자체 방위 능력이 없어 독립하면 동양평화에 도리어 해를 끼칠 것 이다'라며 한일병합이 곧 동양평화의 길이라고 주장하는 일 본 관리의 동양평화론에 대해 여운형은 다음과 같이 반박하 며 한국의 독립이 동양평화의 전제임을 분명히 밝혔다.

> 평화의 진수란 정신적 융화이다. 모든 투쟁의 시기, 분노, 원한, 불평이 깨끗이 사라져야 하는 것이다. 자유의 기상이 란 결코 사해(死海)처럼 정적인 것이 아니다. 평화는 생존의 희망, 자유·평등의 존귀한 향유 중에 있다. 정말 압박·차별 같은 불평등 아래서는 존재하지 않는 것이다. 평화를 논하 자면 첫째 대내적 동양평화다. 동양 여러 나라들 사이의 평 화다. 둘째 대외적인 평화다. 서세의 동침을 방지하여 평화 를 보전하는 것이다. 동양에서는 조선·일본·중국이 서로

화목하지 못하면 평화 분위기는 조성되지 않는다. 대내적인 평화가 없는데, 대외적인 평화를 유지할 수는 없다. (……) 동양 내부의 평화 없이 어찌 진정한 평화를 기대할 수 있겠는가. 조선의 평화 없이 동양평화를 기대한다는 것도 어불성설인 것이다. 결국 동양평화는 일본이 조선을 침략 강점하는 것이 아니고 우리의 독립을 인정하고 공생공존하는 터전을 마련함에 있는 것이다.[20]

1919년 9월 2일 사이토 마코토 총독이 부임을 위해 남대문역에서 내릴 때 그를 향해 폭탄을 던졌던 강우규도 일본이 동양평화를 어지럽히고 있다며 한중일 3국의 진실성 있는 동양평화를 위해 거사했다고 밝혔다. 신채호는 1921년 베이징에서 발행한 잡지 《천고(天鼓)》에 〈조선독립과 동양평화〉라는 논설을 실어 이를 명확하게 제시했다.

금일 동양의 평화를 말하려면 가장 좋은 방법은 조선의 독립만 한 것이 없다. 조선이 독립하면 일본은 방자하게 탐욕스러운 데 이르지 않게 되고 사방을 경영하여 그 힘을 모아 바다와 섬을 보호하게 된다. 러시아의 과격파 또한 약소민족을 돕는다는 핑계를 대지 않고 날개를 접어 치타 북쪽으로 찾아들어 있을 것이다. 중국 역시 한가히 수습하여 수년

의 혁명으로 어지러운 국면을 정돈할 수 있을 것이다. 이것
이 진실로 동양평화의 요의이다.[21]

미국은 참전하면서 1차 세계대전을 '평화를 위한 전쟁'이
라 불렀다. 윌슨 대통령은 의회에 제출한 참전교서에서 "우
리가 추구하는 것은 항상 평화와 정의이고, 우리들은 세계의
평화와 세계 인민의 해방을 위해서 싸운다"라고 주장했다.[22]
1차 세계대전 직후 세계평화가 세계 개조의 과정이자 목표로
부상하면서 한국의 독립이 곧 세계평화로 가는 길이라는 주
장이 힘을 얻었다. 평양에 살던 15세의 김산은 기독교계 학
교를 다니고 있었다. 1919년 3월 1일 그를 가르치던 교사는
독립선언식에 나가기 전 학생들에게 연설을 했다. 전제권력
을 타도하고 국민주권의 나라를 만드는 것이 세계평화를 지
키는 일이라는 것이었다.

우리는 전 세계의 모든 전제권력을 타도하여 세계의 평화
를 지켜야 한다. 그리고 모든 주권 문제의 결정은 오로지 관
계국 국민들이 자기의 자유의지에 따라 그 결정을 승인하
는 데 기초해야 하며 그 민족을 지배하려고 하는 군사 강대
국의 물질적 이익에 기초해서는 안 된다.[23]

이처럼 한국에서는 동양평화론과 마찬가지로 한국 독립이 전제된 세계평화론이 사람들의 마음에 가장 와닿았을 것이다. 신채호가 간명하게 규정한 바는 다음과 같다.

> 조선 문제는 조선인 자신만의 문제가 아니라 세계평화와 관련된 최대의 문제이다. 조선인들이 현재 요구하는 민족자결은 편협한 국가주의를 위한 것이 아니라 자유의 길을 찾아가는 주의여야 한다.[24]

3·1운동을 일으킨 한국인의 평화론은 간명하게 말하면 "독립하지 못한 자에게는 평화가 없다"[25]는 것이었다.

비폭력의 저항정신이 빛나다

조선민족 대표 제씨가 최후의 한 마디라 하여 동지에 대해 고하기를, 우리는 조선을 위해 목숨을 바치는 바이다. 우리의 신성한 형제는 우리가 본래 품었던 뜻을 관철하여 끝까지 우리 2천만 민족 최후의 한 사람까지 절대로 난폭한 행동 또는 파괴적 행동으로 나아가지 말 것이다. 만일 한 사람이라도 난폭적인 또는 파괴적인 행동을 하면 천고에 구할

수 없는 조선을 만들 것이므로 천만 주의하고 자중하지 않으면 안 된다.[26]

1919년 3월 1일 천도교에서 배포한 지하신문 《조선독립신문》 1호에 실린 당부다. 3·1운동을 준비하던 천도교 지도부가 평화적 독립시위를 원했음을 알 수 있다. 이들은 독립시위를 준비할 때부터 대중화·일원화와 함께 비폭력을 원칙으로 삼았다. 하지만 그들의 기대대로 3·1운동이 비폭력 평화시위로 끝나지는 않았다. 폭력투쟁은 3월 초순부터 일어났고 3월 하순을 넘어서면서 절반 가까운 시위가 폭력투쟁화하는 양상을 보였다.

1898년 황제가 사는 도시 한성 한가운데서 만민공동회라는 비폭력 평화시위가 일어났다. 처음 만민공동회를 개최한 것은 독립협회였다. 독립협회는 문명개화론의 시선에서 비폭력 시위에 집착했다. 비폭력=문명의 기준에서 보면 농촌을 기반으로 일어난 동학농민전쟁과 의병전쟁은 불법한 폭력투쟁, 즉 야만이었다. 그것은 '죄인을 고치려던 사람들이 죄인의 일을 행하는' 어리석은 일이었다.

1900년대에 들어와 독립협회가 야만이라 비난했던 동학농민군의 지도자 손병희가 문명개화 노선을 취했다. 그는 1904년 동학교인을 회원으로 하는 진보회를 결성했다. 진보회는 지방에서 문명개화적 정치개혁을 촉구하는 평화적 집회와 시위인 '민회'를 열었다. 동학은 이제 총을 들지 않고 문명개화에 매진한다는 의사를 지방 곳곳에서 열린 평화적 시위와 집회를 통해 보여주며 대한제국 정부에 동학의 합법화를 요구했다. 하지만 당시 동학교인들이 문명의 상징이라는 검은 옷을 입고 단발한 모습으로 시위하는 것을 본 사람들은 상당한 반감을 가졌다. 농민항쟁과 의병전쟁에서 폭력투쟁을 경험한 농민들에게 비폭력 평화시위는 낯선 풍경이었다.

농촌 시위 풍경은 3·1운동부터 크게 달라졌다. 시위는 누구나 쉽게 동참할 수 있는 장터에서 장날에 주로 일어났다. 시위는 평화시위로 준비되었다. 처음부터 폭력투쟁을 모의하는 경우는 거의 없었다. 시위를 모의한 주동자들은 연대세력을 찾고 군중 동원을 준비하고 독립선언서를 인쇄하고 태극기와 대형 깃발을 만드는 일을 했다. 시위는 주동자가 예정한 시간에 미리 동원한 군중 앞에서 연설하거나 독립선언서를 낭독한 후 함께 독립만세를 부르며 시작되었다. 이어 시위대는 태극기를 흔들고 독립만세라고 쓴 깃발을 앞세우며 시위행진에 들어갔다.

이처럼 주동자를 따라 만세를 부르며 행진하는 만세시위까지는 비폭력 평화시위였다. 3·1운동 당시 도시가 만들어낸 시위 문화 그대로였다. 예전 농민항쟁 때 관헌으로 몰려갔

듯이 시위대가 면사무소나 헌병주재소 앞에서 일본으로 돌아가라는 구호를 외치면서부터는 분위기가 달라졌다. 헌병과 경찰이 총칼로 위협하며 시위대를 해산시키고 주동자를 체포하면 시위대는 돌멩이, 몽둥이, 죽창, 혹은 농기구로 무장하여 헌병주재소로 몰려가 때론 기물을 파괴하며 구속자 석방을 요구했다. 이에 헌병이 총을 쏘아 사상자가 발생하면서 시위는 막을 내렸다. 즉 무자비한 폭력 진압에 대한 항거로 시위가 폭력화된 경우가 대부분이었다. 하지만 폭력투쟁 과정에서도 현금이나 물품을 탈취하는 경우는 거의 없었다.

3·1운동 무렵부터 농촌에서 무장을 하고 관청으로 몰려가는 봉기는 거의 사라졌다. 지방마다 노동운동, 농민운동, 여성운동, 청년운동 등을 위한 자발적 결사체가 결성되면서 이들이 이끄는 평화적 집회와 시위가 일상화되었다. 소작쟁의나 노동쟁의도 처음부터 폭력투쟁을 준비하는 경우는 거의 없었다. 3·1운동이 비폭력 평화시위의 문화가 정착하는 데 있어 하나의 분기점이 된 것이다.

3·1운동이 두 달 넘게 이어지면서 독립선언서를 읽고 만세삼창을 외친 뒤 태극기를 앞세우고 행진을 벌이는 평화적 만세시위 방식도 번져갔다. 3·1운동에서 폭력투쟁이 없었던 것은 아니지만, 이후 3·1운동의 기억화 과정에서 비폭력 만세시위의 등장에 많은 의미가 부여되었다. 1920년 상하이임

시정부 주영대표로 있던 황기환은 대영제국 수상회의에 보낸 한국독립호소문에서 '3·1운동이 비폭력 평화시위를 통해 국제정의에 호소하고자 했다'라고 주장했다.

> 1919년 3월 1일 토요일, 조선민은 전국에서 모임을 갖고 '조선민과 조선의 독립'을 선언했다. 그들은 무장 없이 모였다. 거기에는 어떤 종류의 폭력도 없었다. 어디서나 사전에 일본인을 욕보이거나 해치지 않을 것이며 어떤 방법으로도 그들의 재산을 해치지 않을 것이라는 통고가 보내졌다.[27]

해방 직후 소설가 박태원도 3·1운동의 특징으로 비폭력 만세시위를 꼽았다.

> 3·1운동의 특성은 전혀 폭력을 사용하지 않았다는 점에 있다. 선언서 가운데 공약 3장으로 지도자가 민중에게 이것을 명령한 것이다. 민중은 빈손으로 다만 자유를 부르짖었다. 수만, 수십만의 군중이 오직 목이 터져라 독립만세를 불렀다. 그리고 거리거리로 행렬하였을 뿐이다. 이리하여 왜적의 관공서는, 경찰서는, 또 감옥은 하나도 파괴되지 않았다. 관리 한 명 순사 한 명도 죽고 상한 자가 없었다. 그러나 이 무장 안 한 평화군중을 향하여 왜적의 군대는 총을 겨누었

고 경찰은 칼을 내어 둘렀다. 수원, 부천, 수안 등 각지에서 대량의 학살이 악마적으로 감행되었다. 왜적은 마침내는 기관총과 대포까지 출동시켰다.[28]

박태원의 말과 달리 관리나 순사가 죽은 경우는 있으나, 일본인 민간인은 단 한 명도 사망하지 않았다. 1919년 3·1운동이 보름 이상 지속되는 가운데 중국 신문화운동의 개척자인 천두슈는 3·1운동에 대해 "민의를 사용하고 무력을 사용하지 않음으로써 세계혁명사에 신기원을 열었다"라고 높이 평가했다. 5·4운동 당시 학생대표로 활약한 베이징대학 학생인 푸쓰녠도 3·1운동의 첫 번째 의의로 비폭력 혁명이라는 점을 꼽았다.

무기를 사용하지 않는 독립운동은 그 가치로 보자면 무기를 사용하는 독립운동보다 훨씬 숭고한 것이다. 무력을 사용하는 독립운동은 효과는 클 수 있지만 수단이 떳떳하지 않기에 이로 인해 결과의 성공이 모든 사람들에게 예상치 못한 나쁜 결과를 가져올 수 있다. 그러므로 무기를 사용하지 않는 조선의 독립운동은 정의의 결정체이다.[29]

그런데 3·1운동의 비폭력성에 대해 박은식과 신채호는 생각이 달랐다. 박은식은 "우리 민족은 맨손으로 분기하여 붉은 피로써 독립을 구하여 세계혁명사에 있어 하나의 신기원을 이룩하였다"라며 다음과 같이 높이 평가했다.

우리 한국 민족의 5천 년 조국 역사의 신력(神力)을 중견으로 삼고 20세기 인도(人道)의 정의(正義)를 전면의 가치로 삼으며 충과 신(信)을 갑옷으로 삼고 예와 의를 창칼로 삼아 맨손으로 철동에 대결하고 붉은 피로써 포화에 대항하여 우리의 독립과 자유를 구하여 백발의 노인이나 어린아이나 약한 여자나 모두 머리를 나란히 해서 적의 칼날 밑에 목숨을 잃을지라도 조금도 후회하는 뜻이 없으며 앞으로 쓰러지면 뒤에서 계속하여 최후의 한 사람까지 싸울 것을 맹세하니 이는 전고(前古)에 없는 혁명인 것이다.[30]

반면 신채호는 "3·1운동의 만세 소리에 민중적 일치가 슬쩍 보이긴 했지만 또한 폭력적 중심을 갖지 못했다"[31]라고 비판했다. 김원봉 역시 독립선언서를 읽고 신채호처럼 실망했다. 무력항쟁이 아니었기 때문이다. "무기 없는 투쟁으로 강도 일본을 쫓아낼 수 있을까?", "독립만세 소리에 삼천리 강산이 한때 통으로 흔들리기는 했더라도 그걸로 국토를 찾고 주권을 회복할 수 있을까?"라고 의심했다.[32] 김원봉은 암살과 파괴를 목적으로 하는 의열단을 결성했고, 신채호는 의열단을 위한 〈조선혁명선언〉을 발표해 민중의 폭력 혁명으로 일본제국주의를 내쫓아야 한다고 주장했다.

3·1운동을 이끈 만세시위는 말 그대로 비폭력 직접행동을 상징한다. 3·1운동이 일어날 무렵 아시아에서는 독립운동이 고조되고 있었다. 3·1운동에 만세시위가 있었다면, 4월 5일 인도에서 시작된 국민회의파의 비폭력 직접행동에는 연좌시위가 있었다. 간디는 "비폭력 저항이 지배집단에 항거하는 수단으로서 혁명적 잠재력을 갖고 있음을 의심해서는 안 된다"라고 설파했다.[33] 또한 '비폭력은 사람들을 순수한 민주주의로 인도한다'라고 주장했다. 여성과 어린이조차 거뜬히 한 몫을 할 수 있도록 하는 직접행동이라는 것이다.

조선총독부는 비폭력 평화시위에 크게 당황했다. 감리교 선교사인 웰치(H. Welch)가 "한국인들은 전혀 무기를 갖고 있지 않고, 치명적인 무기로 공격을 당하기 전에는 어떤 폭력을 쓰지 않는다"라며 무력탄압을 비판하자 조선총독부의 사법부 장관 고쿠보는 "시위는 평화적이나 독립운동 자체는 법에 저촉된다"라는 옹색한 답변을 내놓았다.[34] 이렇게 3·1운동의 만세시위에서 빛난 비폭력의 정신은 지난 100년간 독립과 민주주의를 향한 항쟁의 역사와 함께했다.

3·1운동은 한국 독립이 민주주의와 평화를 실현하는 길임

을 천명했다. 독립선언서들은 왕정의 시대가 가고 국민이 곧 주인인 민주주의 시대가 도래했음을 주장했다. 이러한 희망은 민주공화국인 임시정부의 탄생으로 실현되었다. 평화의 길은 험난했다. 한국 독립 없이는 동양평화도 세계평화도 없다는 명제는 명쾌했다. 하지만 현실은 침략과 식민지배, 그리고 전쟁으로 이어졌다. 이러한 폭력적 현실 속에서 3·1운동이 보여준 비폭력주의는 평화적 실천 경험으로 추앙받았다.

보론

기억

교과서로 익힌 상식을 짚어 보다

3·1운동을 공간, 사람, 문화, 세계, 사상이라는 개념을 화두 삼아 오늘의 눈으로 새롭게 읽어보았다. 여기서는 오래도록 상식으로 자리 잡은 3·1운동의 역사를 기억이라는 개념을 화두로 풀어나가고자 한다. 3·1운동에 대한 고정관념을 깨고 역사상을 더욱 풍성하고 새롭게 빚어내고자 한 이 책의 기획의도를 이해하는 데 도움이 될 것이다.

누구나 학교를 다니는 시대에 교과서는 상식을 형성하는 데 결정적 역할을 한다. 지금 고등학생들은 5천 년의 긴 역사를 400쪽에 압축해놓은 한국사 교과서를 배우고 있다. 초등학교부터 중학교까지 반복적으로 배운 역사이기도 하다. 이때 수학능력시험 공부를 위해 암기한 역사가 역사학을 전공하지 않는 한 평생의 역사 상식이 되기 마련이다. 역사학자는 새로운 연구 성과의 생산자이자 가장 빠른 소비자다. 그런 역사학자 앞에서 수십 년 전 교과서에서 배운 역사 상식을 당연한 사실인 양 얘기하는 사람을 만날 때마다 새삼 고등학교 한국사 교과서의 상식으로서의 위력을 실감하게 된다. 3·1운동의 경우도 마찬가지다.

3·1운동은 한국사에서 손에 꼽는 중요한 사건으로 초등학교부터 고등학교까지 반복적으로 배운다. 고등학교에서 가장 깊고 넓게 배우는데, 그것이 3·1운동의 상식을 형성한다.

교과서로 배운 3·1운동

3·1운동 100주년을 맞는 2019년, 고등학생이 배우고 있는 한국사 교과서는 3·1운동을 어떻게 서술하고 있을까. 8종의 한국사 교과서를 뒤적여보면, 검정제로 발행됨에도 불구하고 3·1운동의 서술 구조는 거의 차이가 없다. 배경—전개—의의의 3단계로 얼개는 동일하고, 서술 내용도 대동소이하다. 특히 배경과 의의에 관한 서술은 교과서마다 구분이 불가능할 정도다. 그나마 전개 부분에서는 교과서별로 약간의 차이를 보인다.

이런 질문을 던져보자. 오늘날 고등학교 교과서에 공통적으로 등장하는 3·1운동의 기억은 언제 만들어진 것일까? 교과서로 배운 3·1운동의 상식 전부가 애초부터 교과서에 실리지는 않았을 것이다. 3·1운동은 일본의 지배를 받던 1919년에 일어났다. 대사건이었지만, 조선총독부가 학교에서 가르칠 리가 없었다. 1945년 해방은 곧 학교에서 3·1운동을 배우게 되었음을 의미했다. 실제로 해방 직후에 등장한 한국사 관련 교과서에는 빠짐없이 3·1운동이 들어갔다. 하지만 오늘날 교과서에 등장하는 3·1운동의 기억이 그때 모두 형성된 것은 아니다.

흥미로운 건, 해방 직후는 3·1운동이 끝나고 채 30년이 지나지 않은 시점인데도 사실과 다르게 서술된 부분이 적지 않았다는 사실이다. 3·1운동에 참가한 수많은 사람들이 버젓이 살아 있던 시절인데도 3·1운동을 정확히 가르치지 못했다는 것은 무엇을 의미할까? 일본의 지배를 받던 시절, 국내에서 한국인은 3·1운동을 회고하는 글을 온전히 발표할 수도 없었고 조선총독부의 3·1운동 관련 보고서들을 볼 수도 없었다. 다만 국외라는 공간에서는 3·1운동의 기억 형성이 가능했다. 대한민국임시정부가 활약하던 상하이에서 발행되었던 《독립신문》이나 미국의 한인단체인 대한인국민회가 발행한 《신한민보》 등의 한인 언론이 3·1운동을 보도했고 논평과 함께 3·1운동을 다룬 소설 등을 실었다. 3·1운동 직후에 상하이에서는 3·1운동의 실상을 기록한 대한민국임시정부 임시사료편찬회의 《한일관계사료집》(1919), 박은식의 《한국독립운동지혈사》(1920), 김병조의 《한국독립운동사략 상편》(1922) 등이 잇달아 출간되었다. 서울에 자리했던 미국, 영국, 프랑스의 영사관과 국내에 거주하던 선교사들은 자국 정부에 보고서를 제출하거나 언론을 통해 3·1운동 소식을 알렸다. 일본과 중국의 언론에서도 3·1운동을 비중 있게 다루었다.

해방 때까지 이 모든 자료를 아우르는 역사 연구는 사실상 불가능했다. 그래서 많은 사람들이 3·1운동에 참가한 기억을 갖고 있음에도 3·1운동의 온전한 역사상이 마련되어 있지 않았다. 그것이 해방 직후 교과서에 3·1운동에 관한 오류와 과장이 등장하게 된 주요 이유였다. 그렇게 3·1운동은 역사 연구가 부재함에도 역사교육을 통해 반드시 가르쳐야 하는 대사건이었던 것이다. 이후 교과서 속 3·1운동의 기억은 역사학이 쌓아올린 성과에 따라 깊어지고 넓어지는 변화를 보였다.

3·1운동의 배경

현재 학교 현장에서 학생들이 배우는 고등학교 한국사 교과서 8종이 공통적으로 서술한 3·1운동의 배경은 다음과 같다.

1917년 러시아혁명에 성공한 레닌은 식민지 민족해방운동에 대한 지원을 약속했다. 미국의 윌슨 대통령은 1차 세계대전의 전후처리를 위해 열린 파리강화회의에서 민족자결주의의 원칙을 제시했다. 이러한 세계적인 민족자결의 흐름은 식민지배를 받던 약소민족에게 큰 희망을 던져주었다. 국내외 독립운동가들도 국제사회의 변화를 기회로 삼아 독립을 이루고자 했다.

중국 상하이에서 활동하던 신한청년당은 1919년 1월 파리 강화회의에 민족대표로 김규식을 파견했다. 만주 지린성에서는 독립운동가 39인이 독립전쟁을 촉구하는 〈대한독립선언서〉를 발표했다. 일본에 건너간 한국인 유학생들은 1919년 2월 8일 도쿄에서 〈2·8독립선언서〉를 발표했다.

국내에서도 국제정세 변화에 주목하며 독립운동을 준비하려는 움직임이 일어났다. 1월 말에 고종이 갑자기 서거하면서 일본이 독살했다는 소문이 퍼지는 가운데 천도교, 기독교, 불교 지도자들과 학생들이 독립시위를 모의했다. 고종의 국장일인 3월 3일에 즈음한 3월 1일에 독립선언을 발표하고 시위를 벌인다는 계획을 추진했다.

이 같은 공통적인 배경 중에 먼저 눈에 띄는 것은 두 가지 사실 오류다. 우선, 모든 교과서가 3·1운동의 배경으로 〈대한독립선언서〉 발표를 서술하고 있다. 그런데 〈대한독립선언서〉는 1919년 3월 1일 이전이 아니라, 3월 11일 중국 지린에서 대한독립의군부 주도하에 독립운동가 39명이 발표한 것이다. 3·1운동 와중에 국내외에서 발표되었던 독립선언서들 중 하나인 것이다. 〈무오독립선언서〉라는 이름으로 알려지면서 1918년 말 혹은 1919년 2월에 발표된 것으로 해석했던 시절의 연구 성과가 아직도 교과서에 살아 있는 셈이다.

또 하나, 모든 교과서가 윌슨의 민족자결주의 제창을 싣고 있다. 이 중 5종의 교과서가 윌슨이 파리강화회의에서 민족자결주의를 제창했다고 쓰고 있다. 이것은 명백히 틀린 사실이다. 윌슨은 1918년 1월 민주주의와 영구평화에 대한 구상을 담은 14개조를 발표하고 2월에 "각 민족이 국제회의 혹은 경쟁국과 적대국 간의 양해에 따라 한 국가에서 다른 국가로 인도되는 일은 없을 것입니다. 각 민족이 열망하는 바는 존중되어야 합니다. 지금이야말로 각 민족은 자신들의 동의에 의해서만 지배 통치될 때입니다"라고 주장하며 민족자결의 원칙을 내놓았다.[1]

윌슨의 민족자결주의는 해방 직후부터 3·1운동의 배경으로 큰 주목을 받았다. 해방 이듬해인 1946년에 처음 나온 최초의 한국사 교과서는 진단학회가 발간한 중학교 3학년용 《국사교본》이었다. 이 교과서는 임시교재로 발간되었으나 7만 부 가까이 팔리면서 고등학생과 일반인에게도 인기 있는 교양 교재 역할을 했다. 이 교과서에서 근대사를 집필한 역사학자는 이병도였다. 《국사교본》의 3·1운동 부분에서 제일 먼저 등장하는 사건이 바로 윌슨의 민족자결주의였다.

제1차 세계대전은 독일의 굴복으로 끝이 나고 그때 미국 대

통령 윌슨이 민족자결주의를 부르짖으니 온 세계의 약소민
족은 독립운동을 일으키게 되었다.[2]

　이병도가 1950년대에 내놓은 《고등학교 국사》에서는 "제1
차 세계대전 후 미국 대통령 윌슨이 민족자결주의를 들어 약
소민족의 해방을 주창하매 이것이 자극되어 삼일운동이 일
어나게 되었다"[3]라고 서술해 3·1운동의 배경으로 민족자결
주의만을 강조했다. 이 서술은 이병도가 1960년대에 내놓은
《인문계 고등학교 국사》에서도 반복되었다. 반면 1960년대
에 나온 신석호의 《인문계 고등학교 국사》에서는 3·1운동의
배경으로 민족자결주의 제창과 함께 김규식과 이승만의 파
리강화회의 파견 시도와 〈2·8독립선언서〉 발표를 꼽았다. 그
런데 '윌슨이 파리강화회의에서 민족자결주의를 제창했다'
라는 잘못된 서술은 2000년대에 들어와 등장했다. 2000년대
에 고등학생들은 한국사 중 근현대사를 특화한 《한국근현대
사》 교과서를 배웠다. 덕분에 종전에 비해 3·1운동을 자세히
배우게 되었다. 이때는 검정으로 6종의 교과서가 발간되었
다. 이 중 한 종의 교과서가 파리강화회의에서 윌슨이 민족자
결주의를 '제창'했다고 서술했다.

　전후 문제를 처리하기 위해 파리강화회의가 개최되고, 그

원칙으로 미국 대통령 윌슨이 민족자결주의를 제창하였다.[4]

이후 이 오류는 정정되지 않고 오히려 확산되는 경향을 보였다. 이명박 정부 때 나온 6종의 고등학교《한국사》중에서 4종이 이와 같은 오류를 반복했다.

여기서 잠깐 한국사 교과서에 미국 대통령으로는 거의 유일하게 나오는 윌슨에 대해 알아보자. 윌슨은 1912년 민주당 후보로 대통령에 당선되어 1차 세계대전이 끝날 무렵 민족자결주의를 제창하여 3·1운동에도 영향을 미친 정치 지도자다. 1919년에는 세계평화에 대한 노력을 인정받아 노벨평화상을 받았다. 미국 역사 교과서도 대부분 윌슨을 평화의 사도로 가르치고 있다. 하지만 교과서 밖의 윌슨은 끔찍하다. 먼저 그는 임기 내내 멕시코, 아이티, 도미니카, 쿠바, 파나마, 니카라과 등 남아메리카 나라에 군대를 파병하여 내정에 깊숙이 관여하는 침략행위를 저질렀다. 또한 윌슨은 반공주의의 원조였다. 그는 러시아혁명에 반발하며 내전을 일으킨 러시아 백군파를 지원했다. 소련의 미국에 대한 뿌리 깊은 불신은 이때부터 시작되었다고 한다. 게다가 "레닌의 사도들이 우리의 한복판에 있습니다. 레닌의 사도가 무엇을 의미합니까? 그것은 바로 밤, 혼돈, 무질서의 사도를 가리킵니다"[5]라며 정적을 빨갱이로 몰아 탄압하는 풍토를 만들었다.

윌슨은 노골적인 백인 우월주의자이기도 했다. 그는 의회의 견제에도 불구하고 시종일관 인종차별정책을 밀어붙였다. 공화당 출신 대통령조차 흑인을 백악관 직원으로 채용하는 등 공직에 등용했건만, 윌슨은 그런 관행을 모두 없앴다. 언론사와 노동조합의 흑인계 간부들을 빨갱이로 몰아세우며 감시하고 탄압했다. 자신이 주도하여 창시한 국제연맹의 규약 중 인종 평등 조항에는 개인적으로 거부권을 행사했다. 재임 기간 동안 백악관에서 흑인 지도자들을 딱 한 번 접견했는데, 그때도 그들을 사무실에서 쫓아내는 소동으로 마무리했다.

아마도 해방 직후 지식인 중에는 윌슨이 인종차별주의자이고 반공주의자였다는 사실을 아는 이들이 많았을 것이다. 그럼에도 이병도는 미군정기에《국사교본》을 쓰면서 윌슨의 민족자결주의를 3·1운동의 유일한 배경으로 강조했다.

그렇다면 러시아혁명과 레닌의 민족해방운동 지원에 대한 서술은 언제부터 교과서에 들어갔을까? 2000년대에 출간된《한국근현대사》에 처음 등장했다. 6종 중 2종이 이렇게 서술했다.

1917년 러시아혁명에 성공한 소비에트 공화국의 레닌은 세계의 식민지, 반식민지의 민족해방을 지원할 것을 선언하

였다.[6]

소련 역시 전후처리 방안으로 무병합, 무배상 등을 주장하면서 제국주의 국가들의 식민지 지배를 비판하였다.[7]

3·1운동의 배경으로 러시아혁명 혹은 레닌의 민족해방운동 지원을 서술하는 경향은 이후 확산되는 양상을 보였다. 이명박 정부 당시 나온 교과서 6종 중 4종에 그 사실이 들어갔다. 하나의 사례를 들어보자.

제1차 세계대전이 진행되던 1917년 러시아에서 혁명이 일어나 사회주의 정권이 들어섰다. 러시아혁명을 주도한 레닌은 식민지 피압박 민족의 독립운동을 지원하겠다고 공개 선언하였다.[8]

이처럼 러시아혁명과 레닌의 민족해방운동 지원이 3·1운동의 배경으로 교과서에 실린 데에는 1980년대 이후 역사학계에서 본격적으로 활성화된 한국근현대사 연구의 영향이 컸다. 반면 해방 이후 반공·우파적인 역사인식에 따라 교과서가 만들어지면서 반세기 넘게 이 사실이 교과서에 실리지조차 못했다고 평가할 수도 있다.

앞서 잠깐 언급했지만, 3·1운동의 배경으로서 신한청년당이 파리강화회의 대표로 김규식을 파견한 사실은 1950년대 교과서부터 등장했다. 그런데 마치 독립선언을 대표한 33인이 김규식을 파견한 것처럼 서술하는 오류를 범한 교과서도 있었다. 도쿄 유학생들이 〈2·8독립선언서〉를 발표한 사실은 김규식과 이승만의 파리강화회의 파견 시도와 함께 1960년대 교과서에 3·1운동의 배경으로 등장했다.

> 그해 2월에 상하이에 있던 민족운동자들은 김규식을 대표로 파리에 파견하여 독립을 호소하고, 미국에 있던 교포들도 이승만 등을 대표로 선정하여 파리에 파견하려고 하였으며, 도쿄에 있던 최팔용 등 600여 명의 유학생들은 2월 8일에 조선인기독교청년회관에 모여 2·8독립선언서를 발표하여 국내의 독립운동을 자극하였다.[9]

여기서는 1919년 1월을 2월로 잘못 서술한 점과 함께 아직 신한청년당이란 단체 이름이 등장하지 않은 점이 눈에 띈다. 1970년대에 국정으로 나온 《국사》에서 처음 나오기는 하는데, 그때도 신한청년단이라고 잘못 썼다. 1980년대에 여전히 국정으로 나온 《국사》에서는 〈2·8독립선언서〉 발표를 위해 도쿄에 모인 유학생 수를 종전과 달리 400여 명으로 서술했다. 하지만 1990년대에 나온 국정 《국사》에는 신한청년당이라 썼고, 정확히 밝혀지지 않은 학생 수는 아예 빠졌다.

국내 배경 중 하나로 언급된 고종 독살설은 해방 직후부터 교과서에 등장했다. 하지만 고등학교 교과서에서 3·1운동의 배경으로 고종의 죽음을 본격적으로 다룬 것은 1980년대에 나온 국정교과서였다.

> 1919년 1월, 고종 황제의 죽음은 한민족이 일제의 억압에 대항하여 거족적인 민족독립운동으로 폭발할 수 있는 분위기를 만들어주는 계기가 되었다.[10]

하지만 1990년대에 나온 국정교과서에서는 고종의 죽음 자체를 아예 다루지 않았다. 2000년대에 나온 6종의 《한국근현대사》 중에는 한 교과서가 "고종 황제가 서거하자 일제가 독살하였다는 소문이 퍼져 국민들이 분노"[11]하게 되었다며 고종 독살설을 다루었다. 또 다른 교과서는 1910년대 일본의 식민통치에 대한 불만이 고종의 급서를 계기로 폭발한 것이 3·1운동이었다고 서술했다.

> 국내에서 독립운동이 준비되고 있을 때인 1919년 1월 21일 고종 황제가 갑자기 사망하였다. 고종 황제의 죽음은 일

제 식민지 통치에 대한 불만에 불을 댕기는 계기가 되었다. 당시 한국인들은 일제의 강압적인 무단통치와 토지조사사업 등 식민지 수탈로 인해 고통을 받고 있었다. 이러한 불만이 고종 황제의 죽음을 계기로 폭발하게 되었고, 3·1운동에 온 민족이 참여하는 계기가 되었다.[12]

이명박 정부 시절에 나온 《한국사》 6종 중에는 단 하나의 교과서가 위와 동일한 내용을 서술했다. 하지만 지금 사용되는 교과서들에서는 고종 독살설이 3·1운동의 확고한 배경으로 자리 잡았다. 8종 중 6종의 교과서가 이 사실을 다루었다. 그중 한 교과서는 다음과 같이 서술했다.

> 1919년 1월 21일 대한제국의 황제였던 고종이 급서하였다. 고종의 갑작스러운 죽음을 둘러싸고 퍼진 독살설은 일제의 압제 아래 신음하고 있던 조선 민중들이 만세시위에 적극 참여하는 중요한 계기가 되었다.[13]

이 교과서는 특별코너를 두어 '1월 18일 파리강화회의 개막과 1월 25일 거행될 예정이었던 영친왕과 나시모토노미야 마사코와의 결혼식 사이에 고종이 사망한 것이 고종 독살설을 증폭시켰다'라며 고종 독살설을 별도로 다루었다. 하지만 일본이 승전국으로 참여하는 파리강화회의가 개막하고 영친왕이 일본 황녀와 결혼하는 중요한 국가 행사를 앞둔 와중에 고종을 독살할 가능성은 거의 없었다. 고종 독살이 소문에 불과함을 입증하는 두 가지 사실을 오히려 고종 독살의 이유로 제시한 셈이다. 또 다른 교과서에서는 고종의 사후 신체 상태에 대한 의문과 그가 죽은 후 2명의 궁녀가 의문사를 했다는 등 야사 수준의 이야깃거리를 특별코너로 다루었다. 역사 교과서 안에서 야사 수준의 자극적인 내용을 담고 있는 것은 아마 고종 독살설이 유일할 것이다. 또 다른 교과서는 고종을 독살했다는 소문이 퍼지면서 '백성'의 분노가 들끓었다고 쓰고 있다. 신분제적 개념인 백성을 일제시기를 다루면서 쓰는 경우가 드문데, 눈길을 끄는 표현이다.

최근 교과서에서 3·1운동의 배경으로 고종 독살설이 부상한 이유는 무엇일까. 고종 시대가 폄하되고 있다며 재평가를 요구해온 보수 역사학계의 흐름과 무관하지 않다. 고종은 일본의 메이지천황과 동갑임에도 일본이 정치체제로 채택하고 청에서도 준비했던 입헌군주제조차 거부했고 왕이 도장만 찍으면 외교 문서 하나로 나라를 잃을 수 있는 전제군주제를 고수했다. 중국의 대표적 지식인 량치차오조차 전제군주제를 고집하는 바람에 대한제국이 망했다고 안타까워했는데, 정작 오늘날 민주주의 사회에서 시대를 역행하며 입헌군주제조차 거부한 고종을 제국을 건설하려는 위대한 군주로 추앙하는 보수적인 움직임이 거세다. 그들은 고종의 죽음을 고종이 1907년 헤이그평화회의에 밀사를 파견한 것처럼 윌슨의 민족자결주의 제창에 비슷한 행동을 할 것을 우려한 일본 내각 총리대신 데라우치가 지시하고 조선총독 하세가와가 지휘하여 감행된 독살이라고 해석한다. 하지만 이미 1917년 순종이 일본을 방문하면서 대한제국의 구황실이 일본의 식민지배를 수용하는 모습을 연출했던 일본 정부가 대내외적으로 중요한 시기에 고종을 군이 암살해야 할 정치적 이유는 없었다. 현재의 교과서들이 박근혜 정부 때 검정에 통과했다는 사실과 그 교과서들에서 보수 역사학의 주장인 고종 독살설이 강조된 사실에 서로 연관성이 없는지는 따져볼 일이다.

3·1운동의 전개

이번에는 오늘날 고등학교 한국사 교과서에서 3·1운동의 전개 과정을 어떻게 서술하고 있는지 살펴보자.

1919년 3월 1일, 손병희, 이승훈, 한용운 등 민족대표들은 본래 탑골공원에서 독립선언서를 발표할 계획이었으나, 시위가 과격해져 폭력 사태로 번질 것을 우려하며 태화관에 모여 독립선언서를 낭독하고 만세삼창을 한 뒤 일본 경찰에 자진 체포되었다. 그 시각 탑골공원에서는 학생과 시민이 모여 독립선언서를 발표한 후 거리를 행진하며 대한독립만세를 외쳤다. 비슷한 시각에 평양, 원산, 진남포 등 전국 여러 도시에서도 독립선언식이 열렸다.

이후 시위는 순식간에 주요 도시로 확산되면서 모든 계층이 참여하는 민족운동으로 발전했다. 수많은 학교에서 동맹휴학이 이어졌고, 상인들은 가게 문을 닫았으며, 노동자들은 파업을 감행했다. 3월 중순이 지나면서 만세시위가 농촌으로 확산되었다. 농촌의 만세시위는 주로 장날에 장터에서 시위대가 태극기를 흔들며 만세를 부르며 시작되었다. 하지만 헌병 경찰이 총을 쏘며 강제 해산을 시도하면 이에 맞서 폭력시위를 벌이는 경우가 적지 않았다. 이처럼 비폭력 평화시위는 점차 민중이 주도하는 폭력투쟁으로 발전해갔다. 1919년 3월부터 5월 사이에만 전국적으로 1500여 회의 집회가 열렸고, 200만 명 이상이 시위에 참가했다. 중국, 러시아, 미국, 일본 등 세계 각지에 흩어져 살던 한인도 독립시위에 나섰다. 서간도의 삼원보를 시작으로 만주, 연해주 지역에서 대규모 시위가 이루어졌다. 미국의 필라델피아에서는 미주지역 동포들이 모여 한인자유대회를 열었다. 일본의 도쿄, 오사카 등에서도 유학생들이 독립만세를 외쳤다.

조선총독부는 3·1운동에 관해 사전에 아무런 정보도 입수하지 못했을 뿐만 아니라, 예상조차 하지 못했다. 일본은 군대와 헌병경찰을 동원해 무자비한 탄압으로 대응했다. 수많은 한국인 희생자가 속출했다. 일본군이 마을 사람들을 교회 건물 안에 모아놓고 출입구를 막은 채 사격을 가한 다음 불태워버린 수원의 제암리 학살사건이 대표적인 예다.

3·1운동의 전개 과정에서 제일 먼저 살펴볼 것은 민족대표에 대한 서술이다. 민족대표는 미군정기 한국사 교과서인 《국사교본》에서 처음 등장한다.

> 민족대표 손병희 등 33인은 천도교, 기독교, 불교 기타 여러 단체 내지 학생, 귀족 등과 연락하여 서기 1919년 기미 3월 1일에 서울 탑골공원에서 수십만의 대중과 더불어 독립선언서를 낭독하고 대한독립만세를 높이 외치며 일대 시위운동을 일으키니[14]

민족대표가 주어인 이 문장은 바로 위의 현재 교과서 내용과 비교해보더라도 틀린 곳이 적지 않다. 일단 민족대표들은 탑골공원에서 만세를 부르지 않았다. 독립선언서에 서명한

33명이 모두 모인 것도 아니었다. 29명이 태화관에 모였다. 게다가 당시 민족대표들이 귀족에게 독립선언에 동참하자는 연락을 취한 것은 맞지만, 거절당했다. 민족대표의 연대세력으로서 귀족을 학생과 동급으로 서술한 것은 사실 왜곡에 가깝다. 수십만 대중이라는 표현은 명백한 과장이다. 1919년 당시 서울 인구가 25만 정도였다. 또한 3월 1일 오후 2시 탑골공원에는 200여 명 정도의 학생들이 모였다. 그럼에도 《국사교본》이 선보인 '민족대표 33인이 1919년 3월 1일 탑골공원에서 수십만 대중과 함께 대한독립만세를 불렀다'라는 잘못된 서술은 이후 한참 동안 교과서에서 반복되었다.

1970년대 국정교과서부터 민족대표들이 탑골공원에서 독립선언식을 거행했다는 내용이 사라졌다. 대신에 "손병희, 한용운, 이승훈 등의 33인은 민족대표의 이름으로 조선독립선언서를 선포"했다고 썼다.[15] 민족대표들이 탑골공원이 아닌 태화관에서 독립선언식을 갖고 경찰에 자수한 내용은 2000년대에 나온 《한국근현대사》부터 들어갔다. 해방 이후 3·1운동의 주체로 민족대표를 강조하던 역사학계의 풍토가 '민족대표가 탑골공원에서 독립선언을 했다'는 식의 잘못된 상식을 사실상 용인해왔다면, 1980년대 이후 역사학계에서 민족대표의 개량주의적 성격을 비판하고 3·1운동의 주체로서 학생, 노동자, 농민, 여성 등의 민중에 주목한 흐름이 부상하면서 생겨난 변화라 할 수 있다.

3·1운동의 전개 과정에서 또 하나 주목할 점은 3월 1일 시위에 대한 서술이다. 3월 1일에 만세시위를 벌인 곳은 서울을 비롯해 평양, 진남포, 안주(평안남도), 선천, 의주(평안북도), 원산(함경남도) 등 모두 7개 도시였다. 하지만 지금도 사람들은 3월 1일의 시위 하면 탑골공원 시위만을 떠올린다. 서울에서 발발해 전국으로 확산되었다는 인식을 당연시한다. 이러한 오해가 생긴 데는 교과서의 책임도 적지 않다. 3월 1일에 서울만이 아니라 다른 도시에서도 만세시위가 일어난 사실은 1970년대 국정교과서에 처음 등장했다.

> 이때, 파고다공원에서는 미리 계획했던 대로 서울 시내의 각급 학교 학생과 일반 시민이 모여 독립선언서를 낭독하고 만세시위를 전개하였다. 그리고 이와 같은 시위는 서울뿐만 아니라, 같은 날, 같은 시각에 평양, 의주, 원산 등 지방 도시에서도 감행되었다.[16]

3월 1일에 서울 외에 평양, 의주, 원산 등에서 만세시위가 일어났다고 쓰면서 같은 시각에 일어났다고 한 것은 사실이 아니다. 서울에서는 오후 2시에 일어났지만, 평양에서는 서울보다 먼저인 오후 1시에 일어났다. 이후에 나온 교과서에서는 대부분 서울 이외의 지역에서도 3월 1일에 만세시위가 일어났다는 사실을 서술했으나, 간혹 '서울에서 시작된 만세시위'라고 쓴 교과서도 있었다.

흥미로운 점은, 2000년대 《한국근현대사》 이래로 검정교과서 중 채택률이 높은 교과서들이 주로 서울의 만세시위를 강조했다는 사실이다. 지금 가장 채택률이 높은 교과서도 "서울은 만세 소리로 뒤덮였다. 이렇게 시작된 만세시위는 순식간에 전국 주요 도시로 확산되었다"[17]라고 부정확하게 서술하고 있다. 서울 이외의 다른 도시를 언급하되, "비슷한 시간에 평양, 원산 등 전국 10여 개 주요 도시에서도 독립선언식이 열렸다"[18]라고 잘못 서술한 교과서도 있다. 서울 이외의 지역에서 만세시위가 일어난 것을 서술하는 교과서의 경우에도 지금까지 서울을 제외한 6개 도시를 정확히 서술한 경우는 없었다. 다만 3월 1일 7곳에서 동시에 일어난 만세시위의 의미를 정확하게 서술한 교과서는 있었다.

> 지방에서도 서울과 거의 같은 시기에 만세시위가 전개되었다. 즉 3월 1일에 평양, 진남포, 의주, 원산 등 북한의 주요 도시에서도 서울과 같은 날에 시위가 일어났다. 이들 도시에서 서울과 동시에 일어날 수 있었던 것은 종교 조직을 통하여 사전 준비가 철저히 되었기 때문이다.[19]

3·1운동의 확산에 대해서는 《국사교본》의 경우, "전국이 호응하여 방방곡곡에서 독립만세 소리가 우렁차게 일어나 한때 굉장한 기세를 보였다"[20]라고 국내에서의 만세운동 확산만 썼다. 이 책을 쓴 이병도가 1950년대에 내놓은 《국사》에서는 "이 운동이 전국에 퍼지고, 다시 수년 동안이나 계속되었다"[21]라고 부정확하게 서술했다. 반면 같은 시기에 역사교육연구회가 발간한 《국사》에서는 "이에 전 민족이 궐기하여 호응하니 삼천리강산이 독립만세로 진동하였던 것이다. 이와 더불어 만주, 중국, 미국 등지에 있던 해외동포들도 궐기하여 민족의 요구를 전 세계에 호소"[22]했다고 서술하여 국외에서의 만세시위를 언급했다. 이후 교과서들에서는 '전국 방방곡곡에서도 독립만세가 천지를 진동하였으며, 거족적 민족운동은 중국, 만주, 연해주와 미국 등 해외 각지까지 번졌다'라는 서술이 반복되었다. 1990년대 국정교과서에 와서야 국내 만세시위의 확산을 단계적으로 서술하고 해외의 만세시위도 자세히 언급하는 변화가 일어났다.

서울에서 시작된 3·1운동은 전국 방방곡곡으로 급속하게 확산, 파급되었다. 그런데 3·1운동은 확산되는 과정에서 대체로 3단계의 양상을 띠었다. 첫 번째는 민족대표들이 독립선언서를 제작, 배포함으로써 만세시위 운동을 점화한 단계로, 이때의 독립운동의 방향은 비폭력주의였다. 두 번째는 학생, 상인, 노동자층이 참가함으로써 시위 운동이 도시로 확산된 단계이다. 학생들이 주도적 역할을 하였고, 상인, 노동자들이 만세시위, 파업, 운동 자금 제공 등의 방법으로 적극 호응한 시기였다. 세 번째는 만세시위 운동이 주요 도시로부터 전국의 농촌 각지로 확산된 단계이다. 농민들이 시위에 적극적으로 참가함으로써 시위 규모가 크게 확대되어 가는 한편, 시위 군중들은 면사무소, 헌병 주재소, 토지 회사, 친일 지주 등을 습격하였다. 이렇듯 비폭력주의가 무력적인 저항운동으로 변모하여간 시기였다.

국내 각 지방으로 파급되던 3·1운동은 즉시 국외로 확산되었다. 먼저 만주와 연해주 지방에서 격렬한 시위가 일어났다. 만주에서는 용정을 비롯하여 간도 지방 곳곳에서 시위가 전개되었고, 연해주 지방에서도 블라디보스토크에서 교민들이 시위를 전개한 이래 각지로 파급되었다. 한편, 하와이, 미국, 멕시코 등지의 교민 대표들은 필라델피아에 모여 독립선언식을 거행하고 시가행진을 전개하였다. 국외의 3·1운동에서 특기할 만한 점은, 일본에서도 시위가 전개되었다는 사실이다. 이미 2·8독립선언을 하여 3·1운동의 기폭제 역할을 하였던 도쿄 유학생들은, 국내의 3·1운동 봉기 소식을 듣자 곧 만세시위를 전개하였으며, 오사카의 동

포들도 뒤이어 시위를 벌였다.[23]

1990년대에 등장한 3·1운동 확산에 대한 서술은 오늘날 교과서에까지 영향을 미치고 있다. 3·1운동이 도시에서 농촌으로 확산되었고 비폭력투쟁에서 폭력투쟁으로 변모되었다는 교과서 프레임이 이때 형성된 것이다. 이를 압축적으로 정리한 것이 2000년대에 나온 국정교과서다.

> 서울에서 시작된 만세시위 운동은 학생, 종교인, 상인, 노동자가 참가하면서 점차 지방 도시로 확산되었고, 뒤이어 전국 각지의 농촌으로 파급되었다. 비폭력 운동으로 시작된 만세시위는 차츰 면사무소, 헌병 주재소, 동양척식주식회사 등 식민통치 기관, 친일 지주 등을 습격하는 무력적인 저항운동으로 바뀌어갔다.[24]

같은 시기에 나온 8종의 검정 《한국근현대사》는 3·1운동의 확산 과정을 더 상세히 서술했다. 한 사례를 들어보자.

> 시위 파급 경로를 보면 교통이 편리한 철도 연변의 대도시에서 중소도시로, 그리고 읍면 지역으로 파급되었다. (……) 도시의 시위 양상을 보면 연일 계속되어 시위가 일어나는

곳이 많았고 시위군중이 수십만에 이르는 대규모 시위도 전개되었다. 3·1운동 초기 시위군중은 폭력을 쓰지 않고 평화적인 만세시위를 전개하였다. (……) 평화적으로 진행되고 있는 만세시위 군중에 대하여 일제 군경이 무차별 사격을 가함으로써 순식간에 거리는 피로 물들여졌다. 이와 같은 참혹한 현상은 도시, 농촌을 불문하고 전국 어느 곳에서나 마찬가지였다. 이와 같은 일제의 잔인한 무차별 사격에 분격한 시위군중들은 군청, 면사무소, 우편소, 헌병 경찰 주재소 등 식민통치 기관을 습격, 파괴하고 일본인을 살상하기도 하였다. 이처럼 당초 비폭력주의를 채택한 3·1운동은 일제의 무력탄압으로 인해 무력적인 저항으로 변모되어 갔던 것이다.[25]

먼저 교과서에서 한때 사라졌던 '도시에서 수십만이 참여하는 시위가 일어났다'는 잘못된 서술이 다시 등장한 점이 눈에 띈다. 또 하나, 폭력시위로의 변화를 강조하면서 '일본인을 살상'했다고 쓰고 있다. 그런데 한국인이 만세시위 과정에서 일본인 헌병이나 경찰을 살상한 사례는 있으나, 일본인 민간인을 죽인 적은 없었다. 서술 자체가 오류는 아니나, 일본인 헌병이나 경찰의 죽음을 강조하며 3·1운동을 폭동 혹은 소요라고 부른 당시 일본 정부의 시각을 고려할 때, 좀 더

조심스럽게 서술할 필요가 있다. 만세시위의 폭력성에 주목하는 흐름은 이후 교과서에도 반영되었다. 지금 쓰이고 있는 교과서들도 대부분 '비폭력 평화시위가 무력투쟁 혹은 폭력투쟁으로 변모했다'라고 쓰고 있다.

조선총독부의 만세시위에 대한 탄압 역시 미군정기의 《국사교본》에서부터 등장했다.

> 일본은 군대로서 이를 누르려 할 새 여러 곳에서 민중과 충돌하여 다수한 사상자를 냈거니와 더욱이 수원군 향남면에서는 일병의 방화와 발포로 잔인을 극한 학살이 있었다.[26]

여기서 말하는 수원군 향남면의 학살은 제암리 학살사건을 가리킨다. 1950년대에 조좌호는 《우리나라 문화사》에서 일본이 "군대와 경찰을 총동원하여 비무장한 동포를 발포와 방화 등 갖은 방법으로써 탄압하니, 사상자 7천여 명, 체포된 자 4만 6천여 명에 이르렀다"[27]라고 하여 피해 수치를 제시했다. 《국사교본》에서 제암리 학살사건을 언급한 이병도는 1950년대에 내놓은 《국사》에서는 피해 사실 자체를 언급하지 않았다. 하지만 1960년대에 그가 저술한 《국사》에서는 '일본의 무자비한 탄압'으로 "목숨을 잃은 사람이 7500여명, 부상당한 사람은 1만 6천여 명, 구속 기소된 사람은 1만여 명이 넘었다"[28]라고 서술했다. 이때부터는 다른 교과서들도 조선총독부의 탄압과 그로 인한 피해 사실을 적극적으로 썼다.

이 돌발적인 사태에 놀란 일본은 경찰과 군대를 동원하여 평화적 시위군중을 총칼로 탄압하고, 민가·교회·학교 등을 닥치는 대로 불사르며, 양민을 무차별 학살하는 범행을 저질렀다. 이 시위운동을 통하여 학살된 사람만 7500여 명, 부상자가 1만 6천여 명, 검거된 사람이 4만 7천여 명에 달하였다.[29]

피해 상황을 숫자로 제시하는 풍토 속에 "2만 5천여 명의 애국자를 무참히도 총칼로 살해하였다"[30]라고 하여 희생자 숫자를 크게 부풀려 제시한 교과서도 있었다.

한편《국사교본》에 등장했던 제암리 학살사건은 1960년대에 다시 교과서에 등장했다.

수원 제암리에서는 남녀노소의 구별 없이 마을 사람 전체를 교회에 가두어 불을 질러 태워 죽였으니, 그들의 만행을 가히 짐작할 수 있는 것이다.[31]

1919년 4월 15일 제암리에서는 일본군이 기독교인과 천도교인을 교회 안으로 몰아넣은 후 총격을 가해 지금까지 알려진 바에 의하면 29명을 집단학살했다. 하지만 이 교과서에서는 마을 사람 전체가 희생자라고 서술했다.

조선총독부의 탄압과 그로 인한 피해 양상에 대한 서술 프레임은 1970년대에 나온 국정교과서에서 마련되었다.

일본은 그들의 헌병 경찰은 물론, 육·해군까지 동원하여 시위군중에게 무차별 총격을 가하고 인가와 학교에 방화하는 등 평화적인 만세시위 운동을 무자비하게 탄압하였다. 이때, 일본 관헌에 의하여 피살된 이는 근 7천여 명, 부상자는 1만 5천여 명, 투옥된 이는 5만여 명에 이르렀고, 불탄 가옥과 학교, 예배당 등이 750동이 넘었다.[32]

여기에서 피해 상황을 알려주는 숫자는 박은식의 《한국독립운동지혈사》에 기반한 것이다. 박은식이 1920년 중국에서 발간한 《한국독립운동지혈사》는 국외에 널리 배포된 것은 물론, 국내에도 몰래 들어왔다. 그리고 해방 직후인 1946년 서울신문사에서 재출간하면서 3·1운동 역사상을 구축하는 데 토대가 되었다. 그런데 《한국독립운동지혈사》에 등장하는 3·1운동 관련 숫자는 1919년 임시정부에서 발행한 《한

일관계사료집》의 숫자와 차이를 보인다. 가령《한국독립운동
지혈사》에서는 참가인원을 205만 1448명으로 추정했으나,
《한일관계사료집》에서는 166만 7348명으로 추정하고 있다.
1922년에 김병조가 쓴《한국독립운동사략 상편》에서는 137
만 6828명으로 추정하고 있다. 3·1운동 직후 잇달아 나온
이 세 권의 책 중《한국독립운동지혈사》가 가장 널리 배포되
면서 3·1운동 참가인원 수는 200만이라는 상식이 형성되었
지만, 공식적인 통계로 인용하기에는 여전히 조심스럽다.

한편 1980년대에 나온 국정교과서도 조선총독부의 무자
비한 탄압 양상을 구체적으로 묘사했다.

평화적으로 시위하며 정당한 요구를 주장하는 민중에게 무
차별 총격을 가하여 살상하거나, 흉기로 난자하여 목숨을
앗아갔고, 인가와 학교 등 공공건물을 방화, 파괴하는 등 무
자비한 탄압을 하였다. 이때, 일본 관헌에 의하여 수많은 사
람이 살상당하였고, 투옥된 사람만도 5만 명에 달하였으며,
많은 가옥과 학교, 교회 등이 소각되었다.[33]

그리고 본문에 덧붙이는 각주로 한국인의 피해 상황을 자
세히 서술했다.

정주, 사천, 맹산, 수안, 남원, 합천 등지에서는 일본 군경의 총격으로 수십 명씩 사상자를 내었으며, 수원 제암리에서는 전 주민들을 교회에 집합시킨 후 감금하고 불을 질러 학살하였다. 또한, 시위에 참가한 이유로 무수한 사람들이 투옥 당하고, 일본 경찰로부터 비인도적인 악형을 당하여 수많은 사람이 목숨을 잃었다. 유관순의 순국 사실은 이를 잘 말해주고 있다.[34]

여전히 제암리 학살사건의 희생자를 '전 주민'으로 잘못 적고 있는 점과 함께 유관순의 순국을 언급한 점이 주목된다. 유관순이 고등학교 교과서에 등장한 것은 이때가 처음이었다. 여기서 잠깐 유관순이 교과서에 실리게 되는 과정을 살펴보자. 오늘날 유관순은 3·1운동만이 아니라 일제시기 독립운동을 상징하는 대표적인 인물이다. 그런데 유관순은 해방이 될 때까지 잘 알려지지 않은 인물이었다.

일제시기 유관순의 이름은 경성복심법원과 고등법원의 재판기록, 그리고 충청남도 도장관이 3·1운동으로 풍비박산이 난 유관순 가족의 동향을 보고한 문서에 등장한다. 하지만 유관순이 세상의 주목을 받게 된 것은 해방 직후였다. 1946년 가을 미군정하 문교부에서 국어교과서 집필을 맡고 있던 전영택이 '한국의 잔 다르크'를 찾는 과정에서 유관순이 발견되었다. 대중적으로는 1947년 2월 28일자 《경향신문》에 소설가 박계주가 쓴 〈순국의 처녀〉를 통해 널리 알려졌다. 이화여자중학교 교장 신봉조와 교감 서명학의 주도로 1947년 가을에는 우익과 중도의 정치인을 아우르는 유관순기념사업회가 발족했고 기념비가 건립되었다.

1948년 삼일절의 주인공은 단연 유관순이었다. 전영택이 유관순 전기를 발간했고, 윤봉춘 감독이 만든 영화 〈유관순〉이 개봉했다. 연극 〈순국처녀 유관순 혈투기〉가 무대에 올랐다. 중학교 1학년 국어교과서에는 박계주가 쓴 〈순국의 처녀〉가 실렸다. 이렇게 유관순이 대중적인 주목을 크게 받게된 데는 이유가 있었다. 영화 〈유관순〉을 제작한 방의석은 이 영화를 통해 "다 같이 반성하고 참회해서 선열과 애국지사의 뜻을 받들어 삼팔선을 우리의 손으로 부수고 쓸데없는 고집을 버리고서 한데 뭉치자"라는 얘기를 하고 싶었다고 한다.[35] 해방을 맞아 1946년과 1947년의 삼일절 기념식은 좌우가 각각 개최했고, 유혈충돌이 일어났다. 1947년에는 16명이 죽기까지 했다. 온 민족이 함께 항일독립을 외친 3·1운동을 기념하면서 오히려 정치 갈등이 격화되는 현실을 바라보는 사람들의 심경은 복잡했을 것이다. 여학생으로서, 신여성으로서 만세시위에 참여했다가 당당히 재판을 받고 감옥에서 죽음을 맞은 유관순을 민족의 이름으로 함께 기리면서 갈등을 극복하고 싶은 마음들이었을 것이다.

2000년대에 들어 검정으로 발행한 8종의《한국근현대사》
는 공통적으로 '일본의 만행'을 주제로 조선총독부의 무자비
한 탄압과 고문, 한국인의 피해 상황, 제암리 학살사건, 유관
순의 순국 등을 다루었다. 인적 피해는《한국독립운동지혈
사》에 등장하는 숫자를 그래픽으로 표현한 경우가 대부분이
었다. 이러한 흐름은 오늘날의 교과서에도 그대로 이어지고
있다.

3·1운동의 의의

오늘날 고등학교 교과서에 등장하는 3·1운동의 의의는 다음
과 같다.

거족적인 항일투쟁인 3·1운동은 일제의 무자비한 탄압으
로 비록 성공하지는 못했지만, 신분·직업·종교의 구별 없
이 도시와 농촌, 남녀노소를 가리지 않고 모든 계층이 참여
한 우리 역사상 최대 규모의 민족운동이라는 점에서 큰 의
미가 있다. 이를 통해 우리 민족의 단합된 독립 의지를 세계
만방에 천명했다.

3·1운동을 계기로 민주공화제의 대한민국임시정부가 수립됨으로써 19세기 후반부터 이어져온 근대 국민국가 수립 운동이 첫 결실을 맺었다. 또한 민족운동의 주체가 학생, 농민, 노동자 등으로 확대됨으로써 다양한 민족운동을 전개할 수 있게 되었다. 3·1운동 이후 만주와 연해주에서는 무장 독립군의 활동이 활발해졌다.

3·1운동을 계기로 일본은 군부의 영향력을 줄이고 내각의 책임을 강화하는 방향으로 식민지 운영 방식을 바꾸었다. 조선총독부는 헌병과 경찰을 앞세운 헌병경찰제도를 보통 경찰제도로 개편하며 무단통치를 포기했다. 또한, 한글신문의 간행을 허용하고 한국인에게 집회·결사의 자유를 부분적으로 인정했다. 이러한 유화적인 식민지배 방식을 '문화통치'라고 부른다.

세계사적인 측면에서 3·1운동은 제국주의 침략에 맞서 인류의 자유와 정의, 평등과 평화를 지향한 인도주의 운동이었다. 이러한 점은 세계 약소민족의 독립운동에도 큰 영향을 끼쳐, 중국의 5·4운동과 인도의 비폭력 불복종운동, 베트남과 필리핀의 독립운동 등 아시아 여러 지역에서 일어난 반제국주의 민족운동에 영향을 주었다.

여기서 3·1운동의 첫 번째 의의로 제시한 임시정부 수립은 이병도가 쓴 《국사교본》에 처음 등장했다.

> 이 사건을 기틀로 하여 대한민국임시정부가 조직되어 본부
> 를 상해 프랑스 조계(租界)에 두고 끊임없이 내외와 연락하
> 여 호기가 오기만 기다리고 있었다.[36]

이병도는 1950년대에 내놓은 《국사》에서도 "마침내 1919
년 4월에는 중국 상해에서 대한민국임시정부가 수립되어 국
내, 국외와 연락하면서 그 활동을 계속하였다. 당시 임시정부
초대 대통령은 이승만이었다"[37]라는 서술을 이어갔다. 1960
년대에 내놓은 《국사》에도 임시정부 수립을 기술했다. 그런
데 이때까지 3·1운동의 의의로 임시정부 수립을 서술한 교
과서는 이병도가 쓴 것뿐이었다. 유신독재 시절인 1970년대
에 나온 국정교과서에도 임시정부 수립이 3·1운동의 의의로
제시되지 않았다. 대신에 민족이라는 단어를 아홉 번이나 쓰
면서 추상적으로 의의를 서술하고 있어 주목된다.

> 결국, 한민족은 이와 같은 3·1운동으로 민족사의 주체성을
> 바탕으로 민족의 단결을 굳혔고, 민족의 슬기와 독립의 의
> 지를 성스럽게 천명하였다. 이로써, 민족의 끝없는 저력을
> 국내외에 과시하였고, 일제에 동조하는 열강들로 하여금 한

국인의 독립 문제를 바로 깨닫게 하는 계기를 만들어 주었
다. 또한, 그 후 한국의 민족 독립운동을 국내외의 거족 항
쟁으로 보다 조직적이고 줄기찬 것으로 발전시킴으로써 끝
내는 민족의 해방과 독립을 기약할 수 있었고, 민족적 과제
를 달성하기 위해서는 전 민족이 일치단결해야 한다는 정
신적 기반을 튼튼히 마련할 수 있었다.[38]

3·1운동의 의의로서 민주공화제의 임시정부 수립을 본격
적으로 서술한 것은 1980년대 국정교과서에서부터였다.

1910년 이후 무정부 상태로부터 약 10년 만에 상하이에 대
한민국임시정부를 수립할 수 있었던 것은 한민족 스스로
정부를 세웠다는 의미에서 큰 의의가 있다. 더욱이, 임시정
부는 군주제를 버리고 헌정을 토대로 한 민주공화제의 근
대적인 정부라는 면에서 더욱 의의가 컸다.[39]

흥미로운 건, 21세기에 들어와 임시정부 수립의 의의를 더
욱 강조하고 있다는 점이다. 2000년대에 나온 《한국근현대
사》 교과서 중 하나는 '민주공화제의 임시정부 수립으로 일
시적으로 단절되었던 역사적 정통성을 회복했다'라고 썼다.
이명박 정부 시절에 나온 《한국사》 중에는 "3·1운동의 가장

큰 성과물은 대한민국임시정부의 탄생이었다"[40]라고 쓴 교
과서도 있다. 대한민국임시정부는 1919년 4월 11일에 상하
이에서 탄생했으며 그해 9월 한성정부의 내각 명단을 바탕으
로 대한국민의회와 통합한 정부로 거듭나 27년간 존속했다.
그것은 1910년 국망 직후부터 미국에서, 중국에서, 연해주에
서 일어났던 임시정부 수립운동의 산물이었다. 그러므로 대
한민국임시정부의 탄생을 3·1운동의 결과로만 평가하는 것
은 단견일 수 있다. 또한 임시정부의 위상과 관련해서 1980
년대 이후 역사학계는 이병도가 해방 직후 교과서에서부터
서술한 것처럼 우파적 시각으로 임시정부의 법통성을 강조
하는 흐름을 경계해왔다.

　3·1운동의 의의 중 하나인 조선총독부의 통치정책의 전환
에 대해서는《국사교본》부터 다음과 같이 서술했다.

　　　이 사건 후 무단정치는 물러가고 재등실(齋藤實, 사이토 마코
　　　토)이 총독으로 와서 이른바 문화정치를 내세우고 신문의
　　　발행을 허가하는 등 약간 어루만지려는 뜻을 보이었으나[41]

　이병도는 1950년대에 내놓은 교과서에서는 "일본은 소위
문화정치를 내세워 제도의 일부 개혁과 신문의 발행 허가 등
회유 정책을 보이었으나, 그 근본적인 식민정책은 더 강화되

었다"[42]라고 서술했다. 1960년대에 나온 검정교과서 중에도 "3·1운동 직후 새 총독에 사이토 마코토가 임명되어 소위 문화정치라는 이름으로 한민족으로 회유하려 하였다"[43]라며 무단통치에서 문화통치로의 전환을 서술한 경우가 있었다. 하지만 1970년대부터 1990년대까지 국정교과서에서는 3·1 운동의 의의에서 조선총독부의 통치정책 전환을 다루지 않았다. 2000년대에 들어와《한국근현대사》6종 가운데 3종이 다시 3·1운동의 의의로 무단통치에서 문화통치로의 전환을 서술했다. 그중 하나를 사례로 들면 다음과 같다.

> 일제의 무단통치를 붕괴시키고 문화통치로 전환하게 하였다. 일제는 3·1운동을 보면서 기존의 무단통치로는 한국인들을 지배하기 어렵다는 것을 알게 되었고, 일정한 자유를 허용하는 식민지 통치의 완화책으로 문화통치를 표방하게 되었다.[44]

이명박 정부 시절에 나온《한국사》6종 가운데 5종이 무단통치에서 문화통치로의 전환을 '일제는 3·1운동을 계기로 무단통치에서 이른바 문화통치로 통치 방식을 바꾸었다'라고 썼다. 지금 쓰이고 있는《한국사》8종은 모두 무단통치에서 문화통치로의 전환을 다루고 있다.

그런데 무단통치에서 문화통치로의 전환을 다룰 때, 1960년대까지는 무단정치, 문화정치라는 개념을 쓰다가 2000년대에 들어와서는 무단통치, 문화통치라는 개념을 쓰고 있다는 걸 알 수 있다. 그리고 교과서에 따라 문화정치 혹은 문화통치 앞에 '이른바', 혹은 '소위'를 넣은 경우가 있다. 여기서 '이른바', '소위'는 문화정치 혹은 문화통치가 한국인을 속이는 기만적인 정책이었다는 의미를 담고 있다.

일제시기에는 무단통치, 문화통치라는 개념이 사용되지 않았다. 무단정치, 문화정치라는 개념을 주로 사용했다. 그 개념 사용의 습속이 해방 이후에도 이어졌던 것이다. 무단정치, 문화정치라는 개념이 사라진 데는 민족주의 역사관의 역할이 지대했다. 해방 이후 역사학에서는 민족주의적 관점에서 일제시기를 식민통치 대 독립운동으로 이분한 역사상이 구축되었다. 이에 따르면 식민지 공간에서는 정치가 불가능했으며 정치의 존재를 이야기하는 순간 일본의 식민통치를 수용하고자 했던 민족개량주의자와 다르지 않다는 비판을 감수해야 했다. 이러한 민족주의적 역사관에 따라 '정치'가 자연스럽게 '통치'로 바뀐 것이었다. 여기에 '이른바'까지 붙여 문화통치의 기만성을 강조하는 흐름이 교과서에 고스란히 반영되어 있는 것이다.

다음으로, 3·1운동의 의의로서 세계 민족운동에 미친 영

향에 대한 서술은 언제 등장했는지 살펴보자. 1970년대 국정
교과서에 각주로 처음 등장했다.

> 3·1운동은 국외에까지 영향을 끼쳐, 중국의 5·4운동이나
> 인도의 사티아그라하 운동을 일으키게 한 선구적 역할을
> 하였다.[45]

이처럼 역사교과서에서 3·1운동의 세계사적 의의를 서술
한 것은 1970년대부터였지만, 언론이나 저서를 통해 이를 주
장하기 시작한 것은 해방 직후부터였다. 이승만은 "세계에서
비폭력주의의 원조를 인도의 간디 씨로 말하나 사실 그 날짜
를 상고해보면 우리 만세운동이 처음으로 먼저 시작된 것입
니다"[46]라고 주장했다. 1950년대에 들어와 문학평론가 이헌
구는 "3·1운동은 확실히 세계사적인 무혈혁명인 것이다. 이
운동으로 말미암아 오래인 동면에서 헤어날 수 없었던 중국
을 비롯한 인도, 필리핀, 이집트들의 자주정신을 불질러 일으
켰던 것이다"[47]라고 주장했다. 1960년에 언론인이자 역사학
자인 장도빈이 출판한《삼일독립운동사》에서는 인도, 이집
트, 아일랜드, 폴란드의 독립운동이 3·1운동의 방법을 모방
했다고 주장했다. 이러한 시각이 1970년대에 와서 박정희 정
부의 주도로 독립운동사편찬위원회가 출간한《독립운동사》

에 반영되었고, 국정교과서에도 각주로나마 등장하게 된 것
이었다.

1980년대 국정교과서에서는 마침내 본문에 "3·1운동은
중국, 인도, 기타 중동 지역에서 민족운동을 일으키게 한 선
구적인 운동이 되기도 하였다"[48]라고 서술했다. 이러한 변화
를 이끈 것은 3·1운동이 5·4운동만이 아니라 인도의 비폭
력투쟁, 필리핀과 아랍의 민족운동의 선구자적 역할을 수행
했다고 주장하는 신용하, 이현희 등의 독립운동 연구자들이
었다.

3·1운동이 세계 민족운동에 미친 영향에 대해서는 2000
년대에 나온 《한국근현대사》에서 본격적으로 서술되기 시작
했다. 예를 들어보면 다음과 같다.

> 3·1운동은 세계사적으로도 많은 영향을 주었다. 3·1운동
> 은 당시 제국주의의 지배를 받고 있던 피압박 약소민족 가
> 운데 가장 먼저 독립과 제국주의 타도의 기치를 내세운 선
> 구적 투쟁이었다. 이는 다른 약소민족들의 독립운동을 자극
> 하는 계기를 마련하였다.[49]

이 교과서는 여기에 덧붙여 특별코너로 '아시아 각국의 민
족운동'을 마련해 3·1운동이 중국의 5·4운동, 인도의 사티

야그라하 운동, 베트남·필리핀·이집트의 독립운동에 영향을
주었다는 점을 강조했다. 이 교과서 외에 다른 교과서도 모두
'3·1운동의 세계사적 의의'를 서술했다. 이명박 정부 때 나
온《한국사》6종은 '아시아의 민족운동'을 별도의 주제로 다
루어 서술하는 등 세계사적 의의를 더욱 강조하는 경향을 보
였다. 이와 더불어 3·1운동을 세계사적 보편주의에 입각해
서술한 교과서도 등장했다.

> 세계사적 측면에서도 3·1운동은 제국주의 침략에 맞서 인
> 류의 자유와 정의, 평등과 평화를 지향한 인도주의 운동이
> 라는 의미를 갖는다. 이러한 점은 세계 약소민족의 독립운
> 동에도 큰 영향을 주어, 중국의 5·4운동과 인도의 반영운
> 동, 그 밖에 베트남, 필리핀, 이집트의 독립운동에도 자극을
> 주었다.[50]

현재 쓰이고 있는《한국사》8종도 본문과 특별코너 등을
통해 세계사적 의의를 강조하고 있다.
그런데 3·1운동의 세계사적 의의에 대해서는 사료가 뒷받
침되지 않는 비역사적인 평가라는 비판이 있다. 중국의 5·4
운동을 제외하고는 3·1운동이 약소민족 해방운동에 영향을
미쳤다는 사실을 입증하는 사료가 없다는 것이다. 인도의 사

례로 네루의 《세계사편력》과 타고르의 시 〈동방의 등불〉을 교과서에서 많이 제시하는데, 그것들은 3·1운동에 대한 감동을 전할 뿐이다. 이를 근거로 3·1운동이 인도의 독립운동에 영향을 미쳤다고 단언하기는 어렵다. 다시 말해 3·1운동의 세계사적 의의를 선구성이 아니라 동시성이라는 관점에서 바라보아야 한다. 제국주의 시대의 약소민족들이 민족해방운동의 경험을 공유하며 연대하고자 했던 흐름에 더 주목할 필요가 있다. 가령 3·1운동이 5·4운동에 영향을 미쳤듯이, 중국에서 5·4운동을 거치면서 만개한 신문화운동도 한국의 지식인들에게 큰 영향을 미쳤다는 것이다.

3·1운동의 배경, 전개, 의의에 관한 교과서 서술의 변화를 통해 알 수 있듯이, 교과서는 역사학의 성과를 반영하기도 하고 반영하지 않기도 한다. 교과서임에도 정확하지 않거나 입증되지 않은 사실들도 서술된다. 관점은 더욱 다양해서 보수 역사학과 진보 역사학의 성과가 함께 실려 있다. 교과서 내용 역시 축적되거나 변형되는 역사적 존재다. 교과서 속 3·1운동에 대한 상식 역시 그렇게 형성되고 변화되어 오늘에 이른 것이다.

북한은 3·1운동을 어떻게 생각할까?

그렇다면 우리의 3·1운동 상식이 과연 북한에서도 통할까?
2011년 북한에서 나온 역사서인 《조선통사(중)》를 중심으로
살펴보면, 북한의 3·1운동 인식은 김일성 가계의 활동에 초
점을 맞추고 있으며 '사대주의를 배격하고 민족적 주체성을
옹호한다'는 주체사관을 따르고 있다.

먼저, 3·1운동의 배경으로 〈2·8독립선언서〉의 발표에 주
목하며 애국적인 청년학생의 대중적 독립운동 준비사업이라
평가한다. 하지만 러시아혁명의 영향에 대해서는 전혀 언급
하지 않는다. 주체사관에 따라 역사를 해석하기 전에 나온 역
사책에서는 '3·1운동이 러시아혁명의 승리와 세계적인 반제
국주의 투쟁 속에서 세계혁명의 일환으로 일어났다'라고 서
술했다. 러시아령까지 퍼져나간 3·1운동이 일본의 시베리아
출병을 견제함으로써 러시아혁명의 승리를 지키는 데 기여
했다고 적극 평가하기도 했다.

전개 과정에서는 1919년 3월 1일 오후 1시에 일어난 평
양 시위를 강조한다. 서울보다 먼저 평양에서 일어났고, 평양
의 만세시위가 서울보다 중요했음을 내세운다. 하지만 주체
사관을 따르기 전에는 서울이 운동의 중심이라고 썼다. 흥미
로운 건 종전에는 서울이라고 불렀는데, 이제는 경성이라 부

른다는 것이다. 평양의 중요도를 강조하기 위한 변화로 보인다. 평양 시위를 부각하는 데는 또 다른 이유가 있다. 바로 김일성 가계의 활약을 강조하기 위함이다. 3월 1일 평양의 만세시위를 '반일민족해방운동의 탁월한 지도자이신 김형직 선생님께서 일찍이 혁명의 씨앗을 뿌리시고 반일독립운동의 믿음직한 거점의 하나로 꾸려놓으신 평양 숭실학교의 애국적 청년학생들이 주동'했다고 쓰고 있다. 또한 3월 3일에 평양 만경대에서 일어났던 만세시위에는 김일성이 8세의 나이로 참가했다고 서술하고 있다.

3·1운동의 주체로서는 노동자와 농민을 강조한다. 그래서 3·1운동을 북한에서는 3·1인민봉기라고 부른다. 민족대표에 대해서는 부정적인 평가를 내리고 있다. 서울에서는 '평양에서보다 좀 뒤늦게 애국적인 청년학생들이 부르주아 민족운동 상층 분자들의 투항주의적인 행동을 박차고 반일항쟁에 떨쳐나섰다'면서 민족대표들이 탑골공원이 아닌 태화관에서 독립선언식을 치른 점을 비판한다. 그리고 3·1운동의 의의로 '슬기롭고 용감한 조선 인민이 열렬한 애국적 투지와 혁명적 정력으로 시위한 점'을 꼽는다.

3·1운동의 영향에 대해서는 대외적인 영향을 소극적으로 평가하는 특징을 보인다. 3·1운동이 '일제의 식민지 통치에 커다란 타격을 주고 조선 인민의 민족적 각성을 크게 높여주

었으며 식민지 예속국가 인민들의 민족해방운동 발전에 적지 않은 고무적 영향을 주었다'며 국내외적 영향을 강조하면서도 대외적인 영향의 구체적 양상에는 주목하지 않는다. 종전에는 5·4운동이 3·1운동의 진행 과정에서 발발했다는 인식에서 출발해 3·1운동이 5·4운동에 '일정한 영향', 나아가 '큰 영향'을 주었다고 적극적으로 평가했다. 하지만 최근에는 5·4운동이라는 용어를 사용하지 않은 채 그저 '중국 인민의 반제투쟁을 고무하였다'라고 평가한다. 북한의 3·1운동 인식이 점차 일국사적 관점을 강화하는 방향으로 흘러가고 있음을 알 수 있다.

3·1운동의 교훈으로는 '첫째, 거족적인 반일항쟁이 탁월한 수령의 영도와 혁명적인 계급, 혁명적인 당의 영도를 받지 못하고 반봉건투쟁과 밀접히 결합되지 못함으로써 실패한 점, 둘째, 부르주아 민족주의자들이 이미 민족해방운동의 지도 세력이 될 수 없으며 부르주아 민족주의가 민족해방운동의 사상적 기치가 될 수 없다는 점, 셋째, 민족적 독립과 사회적 진보를 위한 혁명운동의 승리를 이룩하기 위해서는 사대주의를 철저히 배격하고 주체적인 혁명 역량을 튼튼히 마련해야 한다는 점, 넷째, 무장한 원수들과는 조직적인 무장투쟁으로 맞서야 한다'는 점을 들고 있다.

여기서는 특히 실패라는 단어에 주목할 필요가 있다. 북한에서는 3·1운동이 실패했다고 본다. 원인으로는 '제국주의자들의 악랄한 교살책동'과 함께 주체적 혁명 역량이 되어야 할 노동자와 농민계급이 미약했음을 꼽는다. 이러한 인식은, 갑신정변으로 시작된 부르주아 민족운동이 3·1운동으로 막을 내리고 무장투쟁으로 맞설 주체적인 혁명 역량이 등장하는 현대가 시작된다는 시대구분론에 기반하고 있다.

남한과 북한의 3·1운동에 대한 인식은 각기 3·1운동과 3·1인민봉기라 부르는 것만큼이나 차이가 있다. 다양한 사관이 경쟁하는 남한과 달리 오직 주체사관이라는 잣대로만 역사를 구성하는 북한의 현실이 3·1운동 인식에도 고스란히 반영되어 있다. 남한의 3·1운동 인식을 기준으로 볼 때, 가장 큰 차이는 북한에서는 3·1운동의 결과로 임시정부 수립을 꼽지 않는다는 점이다.

남한과 북한의 3·1운동 인식에 차이가 존재하지만, 공통점이 없는 것은 아니다. 3·1운동이 반일민족투쟁으로서 기념비적 사건이라는 점에는 전혀 이의가 없다. 남북이 함께 3·1운동 100주년을 기념하고자 한다면, 바로 이 공동의 역사인식에서 출발해야 한다. 21세기에 들어와 시작된 한중일, 한일 간의 동아시아 역사 대화의 경험으로 볼 때, 남북 간에도 차이를 부각하기보다는 교집합으로서의 공동의 역사인식에 주목하고 그로부터 출발하는 역사 대화가 필요하다. 남북 간의 평화와 화해 분위기가 조성되는 가운데, 3·1운동 100 주년을 맞아 반일민족투쟁으로서의 3·1운동을 출발점으로 삼아 남북 간의 역사 대화를 모색하면 좋을 듯하다.

서문

1 김정인, 〈기억의 탄생: 민중 시위 문화의 근대적 기원〉, 《역사와
    현실》 74, 2009, 172쪽.

1장 공간

1 〈차편 많이 증가되는 남대문역의 하차객〉, 《매일신보》, 1919년 3
    월 1일.
2 〈오택언 신문조서〉, 《한민족독립운동사자료집》 16, 국사편찬위
    원회, 1993, 117쪽.
3 "Police with Drawn Swords," *The Japan Advertiser*, 1919년 3월
    7일.
4 님 웨일즈·김산, 송영인 옮김, 《아리랑》, 동녘, 2014, 90쪽.
5 독립운동사편찬위원회, 《독립운동사자료집》 6, 1971, 496쪽.

2장 사람

1 여암최린선생문집편찬위원회,《여암문집》하, 1971, 253~254쪽.
2 박창건, 〈3·1운동과 천도교 지방교구의 활동〉,《신인간》, 1988년 3월호, 45쪽.
3 〈대한국 임시정부 내각이 조직되어〉,《신한민보》, 1919년 4월 5일.
4 김정명,《조선독립운동》I, 원서방, 1967, 361쪽.
5 〈조용석 신문조서〉,《한민족독립운동사자료집》17, 국사편찬위원회, 1994, 313~314쪽.
6 현상윤, 〈3·1운동의 회고〉,《신천지》, 1946년 3월호, 28쪽.
7 박환,《잊혀진 혁명가 정이형》, 새미, 2004, 209쪽.
8 〈조선 각지의 소요〉,《오사카마이니치신문》, 1919년 3월 3일.
9 김상태 편역,《윤치호 일기》, 역사비평사, 2001, 86쪽.
10 국회도서관,《대한민국임시정부 의정원문서》, 1974, 3쪽.
11 독립운동사편찬위원회,《독립운동사자료집》5, 1971, 1344~1345쪽.
12 독립운동사편찬위원회,《독립운동사자료집》6, 1971, 998쪽.
13 정연태·이지원·이윤상, 〈3·1운동의 전개양상과 참가계층〉,《3·1민족해방운동연구》, 청년사, 1989, 253쪽.
14 독립운동사편찬위원회,《독립운동사자료집》6, 1971, 840쪽.

3장 문화

1 피터현, 임승준 옮김, 《만세!》, 한울, 2015, 11쪽.

2 〈시위의 방법이 매우 교활하다〉, 《오사카아사히신문》, 1919년 3월 8일.

3 破翁生, 〈기괴한 선교사 등의 행동〉, 《오사카아사히신문》滿鮮版, 1919년 3월 14일.

4 〈조선독립운동의 감상〉, 《매주평론》, 1919년 3월 23일.

5 국가보훈처, 《3·1운동 독립선언서와 격문》, 2002, 230쪽.

6 위의 책, 249쪽.

7 梶村秀樹·姜德相 편, 《現代史資料》 26, みすず書房, 1970, 640~641쪽.

8 竹內錄之助, 〈하라내각과 조선의 언론계〉, 《반도시론》 2-11, 1918, 7쪽.

9 梶村秀樹·姜德相 편, 앞의 책, 649~650쪽.

10 《반도의 목탁》 1호, 1919년 3월 7일(정연태·이지원·이윤상, 앞의 글, 235쪽에서 재인용).

11 독립운동사편찬위원회, 《독립운동사》 3, 1972, 550쪽.

12 위의 책, 359쪽.

13 고등법원, 〈김지웅 외 30명 판결문〉, 1919년 7월 12일.

14 경성지방법원, 〈안석응 등 7명 판결문〉, 1919년 8월 14일.

15 경성복심법원, 〈남상직 외 33명 판결문〉, 1919년 12월 24일.

16 김정인, 《민주주의를 향한 역사》, 책과함께, 2015, 263쪽.

17 이병헌, 《3·1운동 비사》, 시사신보사, 1959, 779쪽.

18 허헌, 〈나의 추억(11)〉, 《조선일보》, 1928년 12월 22일.

19 허헌, 〈나의 추억(12)〉, 《조선일보》, 1928년 12월 23일.

4장 세계

1 The New York Times, 1919년 4월 17일자(김승태, 〈제암리교회 사건과 서구인들의 반응〉, 《한국 기독교와 역사》 7, 1997, 116~117쪽에서 재인용).

2 김승태, 위의 글, 118~119쪽.

3 위의 글, 103쪽.

4 위의 글, 117쪽.

5 위의 글, 116쪽.

6 독립운동사편찬위원회, 《독립운동사자료집》 5, 1971, 94쪽.

7 독립운동사편찬위원회, 《독립운동사자료집》 4, 1971, 217쪽.

8 고정휴, 〈3·1운동과 미국〉, 《3·1민족해방운동 연구》, 역사비평사, 1989, 458쪽.

9 님 웨일즈·김산, 앞의 책, 88쪽.

10 〈고려각지독립활동지사건(속)〉, 《신보》, 1919년 3월 19일.

11 강수옥, 〈근대 중국인의 한국 3·1운동에 대한 인식과 5·4운동〉, 《한국근현대사연구》 79, 2016, 134~135쪽.

12 위의 글, 140쪽.

13 위의 글, 141쪽.

14 위의 글, 140쪽.

15 육가평, 〈중국 5·4운동에 대한 조선의 3·1운동의 영향〉, 《아시아 문화》 15, 2000, 269쪽.

16 陳獨秀, 〈조선독립운동지감상〉, 《매주평론》, 1919년 3월 23일.

17 傳斯年, 〈조선독립운동지신교훈〉, 《신조》, 1919년 4월 1일.

18 위의 글.

19 위의 글.

20 〈조선의 소요〉, 《오사카신보》, 1919년 3월 8일.

21 〈조선에 백오십만 신자를 갖고 있다고 하는 천도교주 손병희와 보성학교장 윤익선〉, 《오사카마이니치신문》, 1919년 3월 4일.

22 〈종이로 급히 만든 한국기로 만세, 독립했는지를 질문〉, 《오사카 아사히신문》, 1919년 3월 8일.

23 〈조선인을 혹란시키는 천도교의 정체(5)〉, 《오사카아사히신문》, 1919년 3월 18일.

24 〈조선소요의 성격〉, 《주가이쇼교신보》, 1919년 4월 8일.

25 〈조선의 통치−진압 후의 방침〉, 《도쿄아사히신문》, 1919년 4월 16일.

26 〈조선의 통치 재론〉, 《도쿠쇼신문》, 1919년 3월 28일.

27 〈동화주의와 문화주의〉, 《오사카아사히신문》, 1919년 4월 14일.

28 渡瀨常吉, 〈조선소요사건의 진상과 그 선후책〉, 《신인》 1919년 4월호(서정민, 〈제암리교회 사건에 대한 일본 측의 반응〉, 《한국기독교와 역사》 7, 1997, 75쪽에서 재인용).

29 富永德磨, 〈조선에 관한 견해〉, 《기독교세계》 1919년 9월 2일(서정민, 위의 글, 75~76쪽에서 재인용).

30 吉野作造, 〈대외적 양심의 발휘〉, 《중앙공론》, 1919년 4월호(이규수, 〈3·1운동에 대한 일본 언론의 인식〉, 《역사비평》, 278~279쪽에서 재인용).

31 吉野作造, 〈조선 문제에 대하여〉, 《요코하마보에키신보》, 1919년

6월 15일.

32 吉野作造, 〈조선 문제에 대하여〉, 《호교》 1919년 7월 4일(서정민, 앞의 글, 77~78쪽에서 재인용).

5장 사상

1 이윤상, 《3·1운동의 배경과 독립선언》, 한국독립운동사연구소, 2009, 176~177쪽.

2 김삼웅 편저, 《사료로 보는 20세기 한국사》, 가람기획, 1997, 70쪽.

3 이윤상, 앞의 책, 184쪽.

4 님 웨일즈·김산, 앞의 책, 87쪽.

5 이윤상, 앞의 책, 200쪽.

6 최녹동, 《현대신어석의》, 1922, 41쪽.

7 이윤상, 앞의 책, 195~196쪽.

8 최형욱 편역, 《량치차오, 조선의 망국을 기록하다》, 글항아리, 2014, 87쪽.

9 〈오호라 옛 한국이 죽었도다〉, 《신한민보》, 1910년 9월 21일.

10 一史生, 〈무형한 국가의 성립을 찬성〉, 《신한민보》, 1911년 5월 24일.

11 국회도서관, 《대한민국임시정부 의정원문서》, 1974, 3쪽.

12 위의 책, 21쪽.

13 파냐 이사악꼬브나 샤브쉬나, 김명호 옮김, 《식민지 조선에서》, 한울, 1996, 259쪽.

14 〈우리 국민이 단정코 실행할 육대사(1)〉, 《독립신문》, 1920년 1월 8일.

15 님 웨일즈 · 김산, 앞의 책, 190쪽.

16 독립운동사편찬위원회, 〈국민대회취지서〉, 《독립운동사자료집》 6, 1971, 1042쪽.

17 이윤상, 앞의 책, 178쪽.

18 위의 책, 203쪽.

19 최근우, 〈여운형씨 일행 도일기(1)〉, 《독립신문》, 1920년 1월 1일.

20 최근우, 〈여운형씨 일행 도일기(4)〉, 《독립신문》, 1920년 2월 3일.

21 신채호, 최광식 역주, 《천고》, 아연출판부, 2004, 61쪽.

22 이리에 아키라, 《20세기의 전쟁과 평화》, 연암서가, 2016, 95쪽.

23 님 웨일즈 · 김산, 앞의 책, 89쪽.

24 신채호, 앞의 책, 101쪽.

25 박건병, 〈나의 평화관〉, 《독립신문》, 1920년 1월 8일.

26 국가보훈처, 《3 · 1운동 독립선언서와 격문》, 2002, 38~39쪽.

27 박성수, 《독립운동사 연구》, 창작과비평사, 1980, 295~296쪽.

28 박태원, 《약산과 의열단》, 깊은샘, 2015, 27~28쪽.

29 傅斯年, 〈조선독립운동지신교훈〉, 《신조》, 1919년 4월 1일.

30 박은식, 〈신한청년 창간사〉, 《박은식전집》 하, 단국대학교 출판부, 1975, 228쪽.

31 신채호, 〈조선혁명선언〉, 《개정판 단재신채호전집》 하, 형설출판, 1982, 42쪽.

32 박태원, 앞의 책, 27쪽.

33 거다 러너, 강정하 옮김, 《왜 여성사인가》, 푸른역사, 2006, 177~178쪽.

34 "Report of First Session of Unofficial Conference, Chosen
    Hotel, March 22nd, 1919"(김승태, 〈3·1독립운동과 선교사들의
    대응에 관한 연구〉, 《한국독립운동사연구》 45, 2013, 114쪽에서
    재인용).

보론 기억

1   김승렬, 〈윌슨의 민족자결주의와 조선의 3·1운동: 《한국사》의
    서술 분석〉, 《역사교육연구》 14, 2011, 282쪽.
2   진단학회 편, 《국사교본》, 조선교학도서주식회사, 1946, 172쪽.
3   이병도, 《고등학교 1학년용 국사》, 일조각, 1956, 188쪽.
4   김흥수 외, 《고등학교 한국근현대사》, 천재교육, 2004, 178쪽.
5   제임스 W. 로웬, 남경태 옮김, 《선생님이 가르쳐준 거짓말》, 휴머
    니스트, 2010, 57쪽.
6   김한종 외, 《고등학교 한국근현대사》, 금성출판사, 2003, 170쪽.
7   주진오 외, 《고등학교 한국근현대사》, 중앙교육, 2003, 182쪽.
8   최준채 외, 《고등학교 한국사》, 법문사, 2011, 226쪽.
9   신석호, 《인문계 고등학교 국사》, 1968, 233쪽.
10 문교부, 《고등학교 국사》 하, 1982, 131쪽.
11 한철호 외, 《고등학교 한국근현대사》, 미래엔컬처그룹, 2003, 159
    쪽.
12 김흥수 외, 앞의 책, 178~179쪽.
13 김종수 외, 《고등학교 한국사》, 금성출판사, 2014, 307쪽.
14 진단학회 편, 앞의 책, 172쪽.

15 문교부, 《고등학교 국사》, 1974, 209쪽.

16 위의 책, 209쪽.

17 한철호 외, 《고등학교 한국사》, 미래엔, 2014, 259쪽.

18 도면회 외, 《고등학교 한국사》, 비상교육, 2014, 286쪽.

19 김광남 외, 《고등학교 한국근현대사》, 두산동아, 2003, 167쪽.

20 진단학회 편, 앞의 책, 172쪽.

21 이병도, 앞의 책, 189쪽.

22 역사교육연구회, 《고등 국사》, 교우사, 1957, 191~192쪽.

23 교육부, 《고등학교 국사》 하, 1996, 145~146쪽.

24 교육인적자원부, 《고등학교 국사》, 2006, 117~118쪽.

25 김광남 외, 앞의 책, 167~168쪽.

26 진단학회 편, 앞의 책, 172쪽.

27 조좌호, 《고등학교 우리나라 문화사》, 영지문화사, 1957, 255쪽.

28 이병도, 《인문계 고등학교 국사》, 1968, 233~234쪽.

29 윤세철·신형식, 《인문계 고등학교 새로운 국사》, 정음사, 1968, 224쪽.

30 신석호, 앞의 책, 234쪽.

31 위의 책, 234쪽.

32 문교부, 앞의 책(1974), 210쪽.

33 문교부, 앞의 책(1982), 132~133쪽.

34 위의 책, 132쪽.

35 방의석, 〈유관순전을 제작하면서〉, 《영화시대》, 1948년 2월호, 50쪽.

36 진단학회 편, 앞의 책, 173쪽.

37 이병도, 앞의 책(1956), 189쪽.

38 문교부,《고등학교 국사》, 1979, 272쪽.

39 문교부, 앞의 책(1982), 134쪽.

40 주진오 외,《고등학교 한국사》, 천재교육, 2011, 201쪽.

41 진단학회 편, 앞의 책, 173쪽.

42 이병도, 앞의 책(1956), 189쪽.

43 윤세철·신형식, 앞의 책, 225쪽.

44 김광남 외, 앞의 책, 184쪽.

45 문교부, 앞의 책(1979), 272쪽.

46 이승만, 〈우리의 기미운동은 세계무저항의 시초〉,《동아일보》, 1946년 3월 1일(한승훈, 〈3·1운동의 세계사적 '의의'의 불완전한 정립과 균열〉,《역사와 현실》 108, 2018, 213쪽에서 재인용).

47 이헌구, 〈삼일정신은 계승되었는가〉,《경향신문》, 1955년 2월 27일(한승훈, 위의 글, 215쪽에서 재인용).

48 문교부, 앞의 책(1982), 133쪽.

49 김광남 외, 앞의 책, 184쪽.

50 한철호 외,《고등학교 한국사》, 미래엔, 2011, 237쪽.

참고문헌

단행본

김육훈, 《민주공화국 대한민국의 탄생》, 휴머니스트, 2012.

김정인, 《천도교 근대 민족운동 연구》, 한울아카데미, 2009.

_____, 《민주주의를 향한 역사》, 책과함께, 2015.

_____, 《독립을 꿈꾸는 민주주의》, 책과함께, 2017.

동북아역사재단, 《3·1운동과 1919년의 세계사적 의의》, 2010.

동아일보사, 《3·1운동 50주년 기념논집》, 1969.

박찬승, 《민족주의의 시대: 일제하의 한국 민족주의》, 경인문화사, 2007.

_____, 《대한민국은 민주공화국이다》, 돌베개, 2013.

박헌호·류준열 편, 《1919년 3월 1일에 묻다》, 성균관대학교 출판부, 2009.

이윤상, 《3·1운동의 배경과 독립선언》, 한국독립운동사연구소, 2009.

이정은, 《3·1독립운동의 지방시위에 관한 연구》, 국학자료원, 2009.

한국역사연구회 역사문제연구소 편, 《3·1민족해방운동 연구》, 청년사, 1989.

논문

강수옥, 〈근대 중국인의 한국 3·1운동에 대한 인식과 5·4운동〉, 《한국 근현대사연구》 79, 2016.

권보드래, 〈진화론의 갱생, 인류의 탄생: 1910년대의 인식론적 전환과 3·1운동〉, 《대동문화연구》 66, 2009.

_____, 〈미래로의 도약, 3·1운동 속 직접성의 형식〉, 《한국학연구》 33, 2014.

_____, 〈1910년대의 '혁명': 3·1운동 전야의 개념과 용법을 중심으로〉, 《개념과소통》 15, 2015.

_____, 〈3·1운동과 '개조'의 후예들: 식민지시기 후일담 소설의 계보〉, 《민족문학사연구》 58, 2015.

_____, 〈'만세'의 유토피아: 3·1운동에 있어 복국(復國)과 신세계〉, 《한국학연구》 38, 2015.

_____, 〈선언과 등사(謄寫): 3·1운동에 있어 문자와 테크놀로지〉, 《반교어문연구》 40, 2015.

김경석, 〈3·1운동 이후 중국의 조선인식: 傅斯年의 〈朝鮮獨立運動中之新敎訓〉을 중심으로〉, 《중국인문과학》 42, 2009.

김승태, 〈3·1독립운동과 선교사들의 대응에 관한 연구〉, 《한국 독립운동사 연구》 45, 2013.

_____, 〈《재팬 애드버타이저(The Japan Advertiser)》의 3·1운동 관련 보도〉, 《한국 독립운동사 연구》 54, 2016.

_____, 〈재판 속의 3·1운동〉, 《기독교사상》 711, 2018.

김승태·박명수, 〈제암리교회 사건과 서구인들의 반응〉, 《한국 기독교와 역사》 7, 1997.

김정인, 〈기억의 탄생: 민중 시위 문화의 근대적 기원〉, 《역사와 현실》 74, 2009.

_____, 〈1919년 3월 1일 만세시위, 연대의 힘〉, 《역사교육》 147, 2018.

_____, 〈3·1운동과 기억: 교과서로 익힌 상식을 짚어보다〉, 《역사교육연구》 32, 2018.

_____, 〈3·1운동 이후 문화정치의 반동성에 대한 인식〉, 《사회와 역사》 117, 2018.

_____, 〈3·1운동, 죽음과 희생의 민족서사〉, 《정신문화연구》 153, 2018.

김현주, 〈삼일/오사의 접점으로서의 '문화(운동)'〉, 《동방학지》 182, 2018.

목수현, 〈대한제국기의 국가 상징 제정과 경운궁〉, 《서울학연구》 40, 2010.

문영걸, 〈중국 신문 속의 3·1운동〉, 《기독교사상》 711, 2018.

서정민, 〈제암리교회 사건에 대한 일본측의 반응〉, 《한국기독교와 역사》 7, 1997.

안종철, 〈3·1운동, 선교사 그리고 미일간의 교섭과 타결〉, 《한국민족운동사연구》 53, 2007.

육가평, 〈중국 5·4운동에 대한 조선의 3·1운동의 영향〉, 《아시아문화》 15, 2000.

윤소영, 〈한·일 언론 자료를 통한 고종독살설 검토〉, 《한국민족운동사연구》 66, 2011.

_____, 〈일본 신문자료를 통해 본 3·1운동: 《오사카아사히신문》과 《오사카마이니치신문》을 중심으로〉, 《유관순연구》 20, 2015.

_____, 〈3·1운동기 일본 신문의 손병희와 천도교 기술〉, 《한국독립운

동사연구》 57, 2017.

이규수, 〈역비논단: 3·1운동에 대한 일본언론의 인식〉,《역사비평》 62, 2003.

이덕주·김형석, 〈3·1운동과 제암리사건〉,《한국기독교와 역사》 7, 1997.

이용철, 〈평안북도 의주지역의 3·1운동〉,《한국독립운동사연구》 61, 2018.

이정은, 〈3·1운동의 지방확산 배경과 성격〉,《한국독립운동사연구》 5, 1991.

정병준, 〈3·1운동의 기폭제: 여운형이 크레인에게 보낸 편지 및 청원서〉,《역사비평》 119, 2017.

천정환, 〈소문(所聞)·방문(訪問)·신문(新聞)·격문(檄文): 3·1운동 시기의 미디어와 주체성〉,《한국문학연구》 36, 2009.

최우석, 〈3·1운동, 그 기억의 탄생—《한일관계사료집》,《한국독립운동지혈사》,《한국독립운동사략 상편》을 중심으로〉,《서울과 역사》 99, 2018.

최병택, 〈해방 후 역사 교과서의 3·1운동 관련 서술 경향〉,《역사와 현실》 74, 2009.

한승훈, 〈'3·1운동의 세계사적 의의'의 불완전한 정립과 균열〉,《역사와 현실》 108, 2018.

한철호, 〈우리나라 최초의 국기('박영효 태극기' 1882)와 통리교섭통상사무아문 제작 국기(1884)의 원형 발견과 그 역사적 의의〉,《한국독립운동사연구》 31, 2008.

허동현, 〈3·1운동에 미친 민족대표의 역할 재조명: 기독교계 대표 오화영과 유여대를 중심으로〉,《한국민족운동사연구》 46, 2006.

허영란, 〈3·1운동의 지역성과 집단적 주체의 형성: 경기도 안성의 사례를 중심으로〉,《역사와 경계》72, 2009.

홍종욱, 〈북한 역사학의 3·1운동 인식〉,《서울과 역사》99, 2018.

황민호, 《《매일신보》에 나타난 평양지역의 3·1운동과 기독교계의 동향〉,《숭실사학》31, 2013.

찾아보기

오늘과 마주한 3·1운동

민주주의의 눈으로 새롭게 읽다

1판 1쇄 2019년 1월 31일
1판 2쇄 2019년 12월 5일

지은이 | 김정인

펴낸이 | 류종필
편집 | 이정우, 정큰별
마케팅 | 김연일, 김유리
표지·본문디자인 | 박미정
교정교열 | 오효순

펴낸곳 | (주) 도서출판 책과함께
주소 (04022) 서울시 마포구 동교로 70 소와소빌딩 2층
전화 (02) 335-1982
팩스 (02) 335-1316
전자우편 prpub@hanmail.net
블로그 blog.naver.com/prpub
등록 2003년 4월 3일 제25100-2003-392호

ISBN 979-11-88990-27-6 03910

이 도서의 국립중앙도서관 출판시도서목록(CIP)은
서지정보유통지원시스템 홈페이지(http://seoji.nl.go.kr)와
국가자료종합목록시스템(http://www.nl.go.kr/kolisnet)에서
이용하실 수 있습니다. (CIP제어번호 : CIP2019001830)

* 이 책은 2017년 춘천교육대학교의 지원을 받아 수행된 연구입니다.